中学生の質問箱

思春期のしんどさってなんだろう?

あなたと考えたいあなたを苦しめる社会の問題

鴻巣麻里香

平凡社

私たちの生きる社会はとても複雑で、よくわからないことだらけです。困った問題もたくさん抱えています。普通に暮らすのもなかなかタイヘンです。なんかおかしい、と考える人も増えてきました。

そんな社会を生きるとき、必要なのは、「疑問に思うこと」、「知ること」、「考えること」ではないでしょうか。裸の王様を見て、最初に「おかしい」と言ったのは大人ではありませんでした。中学生のみなさんには、ふと感じる素朴な疑問を大切にしてほしい。そうすれば、社会の見え方がちがってくるかもしれません。

中学生の質問箱

思春期のしんどさってなんだろう？

あなたと考えたいあなたを苦しめる社会の問題

もくじ

はじめに　4

スクールソーシャルワーカーってどんなことするの？　22

インタビュー　のぞこさん　28

第1章　学校が苦しいのはなぜ？　37

1　決まりごとが苦しい　38

2　人間関係が苦しい　60

3　男女の決めつけが苦しい　82

精神科医で子どものこころ専門医の　井上祐紀さんにききました　95

第2章　子どもの権利ってどんなもの？　117

生きる権利／育つ権利／守られる権利／参加する権利

インタビュー　えいちゃんさん　142

第3章
家が苦しいのはなぜ？　153

1　家が苦しいのには理由がある　154
2　「愛」を持ち出してくる大人には要注意　168

インタビュー　わださん　175
さくやさん　182

第4章
私が苦しいのはなぜ？　187

1　自分が嫌いだとしたら、それはまわりのせいかも　188
2　「すべき」より「したい」を大事にして　204

おわりに　215
相談先　223

はじめに――あなたを傷つける何かから心を守るために

こんにちは。鴻巣麻里香《こうのすまりか》です。私は福島県白河市《ふくしまけんしらかわし》でスクールソーシャルワーカー（スクールソーシャルワーカーについては、「はじめに」のあとで説明します）として活動しています。KAKECOMI（カケコミ）という小さな団体を運営していて、さまざまな困りごとを抱《かか》えた人たち、おもに女性や子どもの相談を受けています。KAKECOMIでは子どもたちの「居場所」として、こども食堂を開催しており、そこでは子どもたちが自由に過ごしたりごはんを食べたりするだけでなく、高校生や大学生が小・中学生の勉強をサポートする活動もしています。

KAKECOMIにはいろんな子どもたちが来ます。ここに来る理由はさまざまで、ただゆっくりしたい、学校や家以外でいられる場所がほしい、仲間とゲームがしたい、だれかといっしょにごはんが食べたい、などです。でもこの場所や人にだんだん慣れてくると、いろいろな悩《なや》みや苦しさを話してくれることがあります。思春期と呼ばれる時期の子どもたちの多くが、学校や家でなんらかのしんどさを抱《かか》えているのです。

スクールソーシャルワーカーとしての活動や、ＫＡＫＥＣＯＭＩを通じてたくさんの子どもたちと出会い、子どもたちの苦しさを知れば知るほど、問題はその子のなかにあるのではなくて、まわりの人や環境《かんきょう》にあることが多いのでは、と考えるようになりました。そうした現在の経験や、私自身の子どものころの経験もあわせて、思春期がつらいのはどうしてなのか、思春期の苦しさはだれのせいなのかについて話していきたいと思います。

まずは、私自身のことをお話しします。

私は、はじめから子どもとかかわる仕事をしていたわけではありません。最初は精神保健福祉士《ふくしし》という資格をもつソーシャルワーカーとして、精神科（大人向け）の医療《いりょう》機関で働いていました。そこで精神疾患《しっかん》（心の病気）を抱《かか》えていたり、なんらかの生きづらさ、しんどさを抱えている人たちとたくさん出会いました。

私自身も、気持ちのアップダウンが激しかったり、人とのつきあい方が不器用だったり、困ったりつらいときでもまわりにＳＯＳが出せなかったり、自分を傷つけるようなことをしてしまったり、だれかと信頼関係をつくるのがむずかしかったり、ということがありました。「私はどうしてこんなに生きづらいんだろう」ということを、心の病気を抱えている人たちと日々過ごしながら考えていくと、いわゆる「思春期」と言われる時期に私をとりまいていた「逆境」と関係があることがだんだんと見えてきました。

私は学校でいじめを受けていたことがあります。外国にルーツがあることを理由に差別を受けたこともありました。両親の仲がよくなくて家庭のなかに安全な場所がなかったり、経済的に貧しい時期もありました。差別も、いじめも、貧しさも、それぞれとてもつらいことではありましたが、それによって私自身の命が脅《おびや》かされることはありませんでした。ですが「死ぬほどじゃない」ことでも、そのダメージはボディブローのように、あとになってじわじわ効いてきます。

私の場合、いじめは長くつづきませんでした。先生にも親にも言えずに隠《かく》していましたが、ある日親に知られてしまい、そのまま先生の知るところとなり、「いじめはやめましょう!」と教壇《きょうだん》から先生が泣きながら言った瞬間《しゅんかん》からなくなりました。しばらく腫《は》れ物《もの》にさわるように扱《あつか》われたり、なんとなく距離をとられたりしましたが、加害されることはなくなりました。家の経済状態もふつうに戻《もど》りました。私は逆境から抜《ぬ》け出したはずでした。ですが、そのあともなんだかずっと「生きづらい」時期がつづいたのです。

――逆境じゃなくなったのに、生きづらかったの?

死ぬほどじゃないことでも、
ダメージはじわじわ効いてくる

はい。たとえばなにかにチャレンジしようとすると、「どうせ自分にはできっこない」という強い考えが生まれて、すぐあきらめてしまいました。あるいは目の前にチャンスがあるときに、「どうせ自分の願いは叶《かな》いっこない」と、そのチャンスをつかまない選択《せんたく》をしてしまいました。困っているときも「どうせだれも助けてくれっこない」という考えがじゃまをしてだれにも相談できず、抱えこんで、困りごとをどんどん大きくしてしまいました。だれかと仲よくなると「私なんてだれからも大事にされっこない」という考えから相手からの好意が信じられなかったり、相手を遠ざけたり、振《ふ》り回すようなことをしてしまったり。周囲からは「好きで困っている人」に見えていたと思います。

私はずっと、自分が「おかしい」のだと思っていました。すぐにあきらめてしまう自分が悪い、抱えこんでしまう自分が悪い、だれとも安定した関係をつくれない自分が悪い。そうやって自分を責めて、どんどん自分が嫌《きら》いになっていきました。そうして自分の身体を傷つけたり、死にたくなってしまったり、せめて見た目だけはほめられたいと無理なダイエットをして健康を害したこともあります。それが、20代半ばまでの私でした。

でも20代前半、大学院生だったときに、さまざまな心の調子をくずした人たちがくらしたり働いたりする施設《しせつ》でボランティアをはじめました。そこでの出会いから、私だけが「おかしい」のではないと知ることができました。精神障害、心の病《やまい》、呼ばれ方はさまざまでですが、施設でくらす人たちはみんな「生きづらさ」を抱えていました。そしてほとんどの人たちが、自分が大事にされない環境で子ども時代を過ごしていました。差別、いじめ、貧困、虐待《ぎゃくたい》などです。そして彼らには、「自分なんて価値がない」「どうせ自分の願いは叶《かな》わない」「どうせ自分は大切にされっこない」「どうせ私のことを助けてくれっこない」という強い考えがありました。私と同じでした。彼らと接するなかで、あるとき、これらの考えは、いうなれば「色眼鏡《いろめがね》」のようなものだと気づいたのです。

——色眼鏡？

はい。「色眼鏡で見る」という慣用句があります。先入観（まちがった思い込み）や偏見《へんけん》（勝手な決めつけ）でものごとを判断する、というような意味で使われます。たとえば赤い色眼鏡をかけていると、目にするものすべてが赤く見えます。それと同じように、色眼鏡というフィルター（先入観や偏見）を通すと、ものごとの本当の姿が見えないという意味です。たとえば「自分なんて価値がない」という色眼鏡を通じて自分を見ると、「なにをやってもダメだ」と思ってしまって、たくさんのことをあきらめてしまいます。同じ色眼鏡で世の中を見ると、「だれも自分を評価してくれない」「だれも自分を大切にしてくれない」

と信じてしまいます。色眼鏡がものの見方を変えてしまうのです。そして、行動も変えてしまい、人はどんどん孤立《こりつ》することになります。

私は子ども時代の一時期、いじめられ、だれからも守ってもらえず、自分を守ってくれるはずの両親にそうしてもらえず、また貧しく惨《みじ》めな経験をしました。親になにかを期待してもたいてい叶わなかったので、はじめから「どうせ叶わない」と思って、がっかりするダメージを避《さ》けるようになったのです。子どもなりにＳＯＳを出してみたこともありました。でもそれは「反抗期《はんこうき》だから」や「悩む年ごろだから」と軽んじられたり、逆に叱《しか》られたりしました。そうやって、生活のなかに困難があり、かつそのつらさをだれにもきいてもらえなかったことで、私のなかで色眼鏡は濃《こ》くなっていきました。

困っている人の多くが、私と同じように子どものころにこの色眼鏡をかけていることを知り、そして色眼鏡ができてしまうような逆境は、けっして特別なことではないこともだんだんわかってきました。

――逆境が特別なことじゃないの？

はい。たとえば毎日なんらかの行動を制限されていたり、だれかから自信を失うような言葉を浴びせられつづけたり、「お前なんてダメだ」などと人格を否定されたり、無視されつづけたり、話をきいてもらえなかったり、軽んじられるという体験がつみかさなっていくと色眼鏡が生まれてしまいます。

暴力や虐待、いじめ、災害などの体験が深刻な心的外傷《しんてきがいしょう》（トラウマ）の要因となることはよく知られていますが、日常にありふれた「命を脅かすほどではないけれど、自分の価値が揺《ゆ》らいでしまう言葉や態度」も色眼鏡となって私たちのものの見方を大きく変えてしまいます。子どもの人権が軽んじられているこの日本では、子どもたちはそういった加害的な言葉や態度を毎日のように浴びてしまっています。

子どものころの逆境で身についた色眼鏡は、自分のまなざしとすっかり一体になってしまっていて、自分が色眼鏡をかけているという自覚はありません。だから逆境から抜けだして大人になったあとも、そのまま色眼鏡をかけて生きていくことになります。そのために自分を大事にできなかったり、わざわざ自分にとってよくないことをしてしまったり、すごく生きるのが苦しくなってしまうのです。

ありふれた日常の中で少しずつ増えていく心の傷が、ありふれているからこそだれからも手当てされず、どんどん深くなっていき、まわりの人との信頼関係も築きにくく、よけいにしんどい状況《じょうきょう》になっていく悪循環《あくじゅんかん》になって、やがて孤立してしまう。私は、こうし

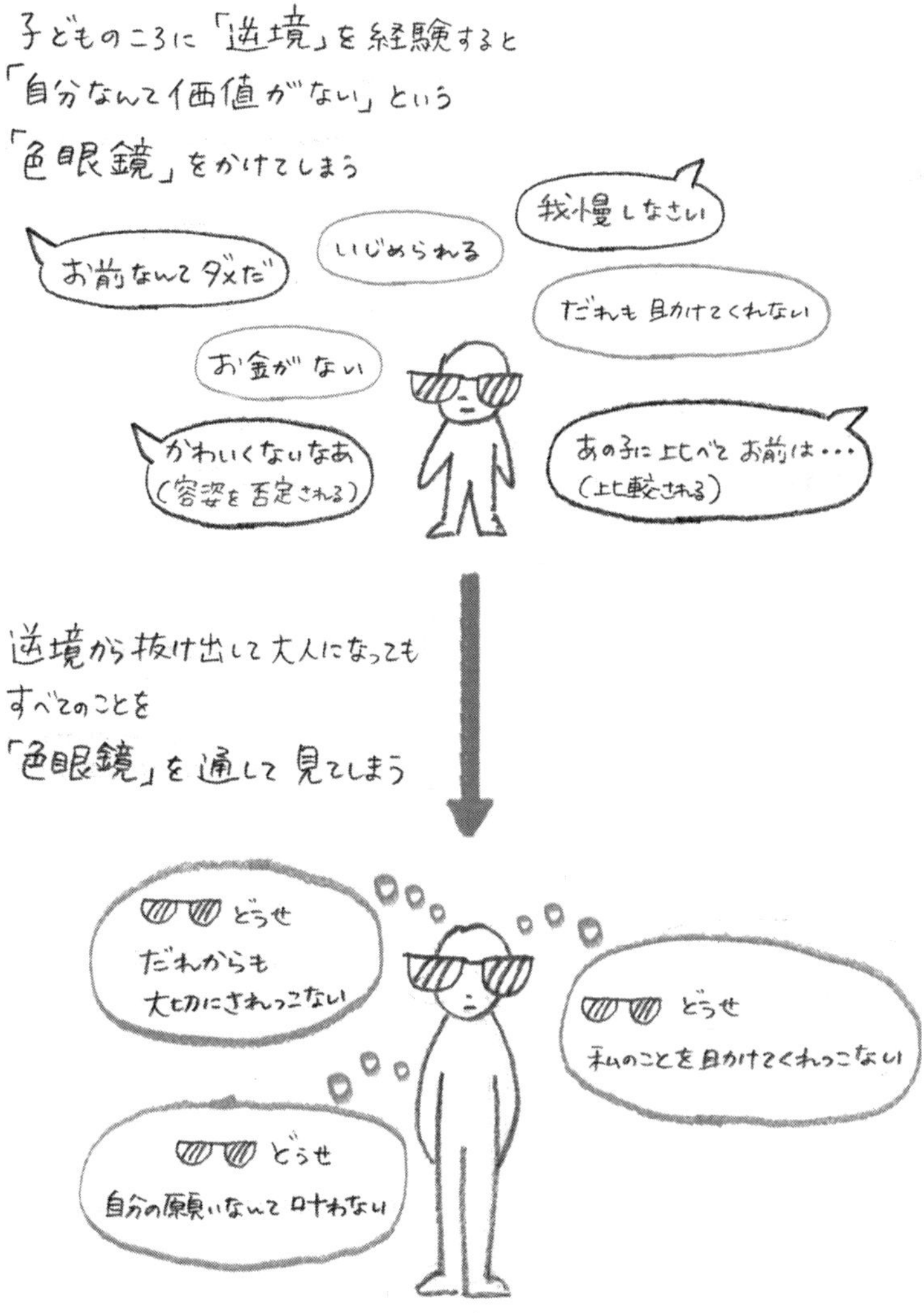
子どものころに「逆境」を経験すると
「自分なんて価値がない」という
「色眼鏡」をかけてしまう
我慢しなさい
いじめられる
お前なんてダメだ
だれも助けてくれない
お金がない
かわいくないなあ（容姿を否定される）
あの子に比べてお前は・・・（比較される）
逆境から抜け出して大人になっても
すべてのことを
「色眼鏡」を通して見てしまう
どうせ だれからも 大切にされっこない
どうせ 私のことを助けてくれっこない
どうせ 自分の願いなんて叶わない

たことも一種の「心の外傷（けが）」だと考えています。

――鴻巣さんは、どうやって色眼鏡を外すことができたの？

外せたかどうか、今も自信がありません。そして色眼鏡をかけていない人は、じつはほとんどいないのだと思います（もちろん、その影響《えいきょう》の大小はあります）。ただ、今私はその色眼鏡の影響をほとんど受けなくなったと感じています。私の場合は色眼鏡という存在に気づくことが、その影響から逃《のが》れていくきっかけになりました。

知ることは色眼鏡に対抗するための第一歩です。知っていれば、自分のなかに「どうせ自分なんて」という考えが出てきたら「あ、これは色眼鏡のしわざだぞ」と自分に言いきかせることができます。そうしていくうちに、自分のなかで色眼鏡スイッチが入ったことにスムーズに気づけるようになっていきました。

専門家（精神科医やカウンセラー）の力も借りました。ソーシャルワーカーとして働くなかでさまざまな人たちと出会ったことも大きな力になりました。彼らは私にとって、色眼鏡をかけながら生きている、生き延びようとしている同志たちです。

大人になってからの生きづらさのもとが、子ども期〜思春期の逆境にあることに気づいたことで、私のなかに子どもたちとかかわっていきたい気持ちが芽生えてきました。今、精神医療の現場では、精神科医のサポートや治療《ちりょう》を必要とする子どもたちが増えて、年齢《ねんれい》も下がってきています。子どもを対象とする精神科である「児童思春期外来」は受診《じゅしん》したいと思っても半年くらい待たなければならないような状況です。「子どもたちのメンタルヘルスがこんなに急に悪くなったのはなぜだろう？」「子どもたちの世界になにが起きているんだろう？」と疑問に思うようになりました。同時に、もしかしたらたくさんの子どもたちが今も色眼鏡を身につけて、その色眼鏡がどんどん濃くなっているのではないかと考えるようになりました。

そんななか、2011年に東日本大震災《だいしんさい》が起きました。震災後、私は福島県白河市で被災者《ひさいしゃ》や避難者《ひなんしゃ》の心のケアにあたっていました。東日本大震災では、非常に大きな地震と、その後の想像を絶する大きな津波によって、たいへん大きな被害《ひがい》が生じました。死者1万9747名、行方不明者2556名、40万棟《とう》もの建物が全壊《ぜんかい》ないし半壊しました。さらに東京電力福島第一原子力発電所の爆発《ばくはつ》によって、広い範囲に放射性物質が飛散《ひさん》しました。多くの人が地震や津波、原発事故の影響で避難しなければなりませんでした。12年経った2023年の時点でも、国が把握《はあく》しているだけでも避難者は3万人以上に上ります。

東日本大震災は、これまでだれも経験したことがなかったような災害でした。多くの人の生活、身体、心がダメージを受け、影響はさまざまでした。その影響のちがいは、災害のときの経験の差だけではありません。震災の前から社会的に弱い立場に置かれていた人、貧しかった人、障害を持っていた人、家庭内で暴力や虐待を受けていた人、女性、そして子どもたちへのダメージはより深刻でした。

そういったなかで、子どもたちの心のケアを強化しようという動きが生まれました。福島県でスクールソーシャルワーカーを配置することが決まったのも、その流れを受けてのことです。私もその流れに乗る形で福島県でスクールソーシャルワーカーとしての仕事をはじめ、同時にKAKECOMIという子ども支援を中心とした団体を立ち上げました。

――どうして？

高校生くらいまでの子どもたちは、多くの場合、学校と家という2つの場所を行ったり来たりしてくらしていますよね。その2カ所以外に習い事や塾《じゅく》に行く子もいますが、それは家庭の経済状況にゆとりのある場合に限られます。学校と家が子どもたちの世界のほぼすべてか、非常に大きな部分を占《し》めています。

学校には子どもたちをしんどくさせる原因がたくさんあり、不登校の児童・生徒数は増えています。家庭が子どもにとって安全な環境であれば、学校がつらくなっても子どもの心の健康や生活の安心は守られます。ですが家の環境が子どもにとってつらいものだと、学校がつらくなったときに居場所がなくなってしまいます。

たとえばふだんから子どもにきびしかったり、子どもへの期待が高い親だと、学校がつらくて行けなくなってしまったとき、子どもは行けないことへの申しわけなさ、負い目を感じてしまうことがあります。その負い目が原因で親との関係がギクシャクして、家がつらくなってしまうことがあります。学校でイヤなことがあって行きたくないけど、親が休ませてくれなくて、自分の悩みをきこうとしない親との生活が苦しくなることもあります。

家で両親の仲が悪くて気をつかわなければならないと、学校に出す書類を書いてもらいにくくなったり、必要なものを用意してもらいにくくなったりします。家が困窮《こんきゅう》していると、学校で使うものをそろえることがむずかしかったり、食事や衣服のケアを十分に受けられず、高校生なら生活のためにアルバイトをしなければならなくなったりして、学校から足が遠のいてしまうこともあります。

家のなかに暴力や暴言があってつねに緊張《きんちょう》している状態では、学校でつらいことがあってもだれにも話せません。親や兄弟に病気や障害がありケアの役割を担わなければならないと、時間や体力が奪《うば》われて学校を休みがちになってしまうこともあります。

学校と家庭しかいられる場所がない世界というのは、子どもにとってとても危険です。だから、学校と家のあいだに子どもが行けるもう1つの場所があるといいなと思ってKAKECOMIという場所をつくり、こども食堂をはじめたのです。

さて、これから思春期の苦しさについてお話ししていくのですが、それは色眼鏡がつくられてしまうことがたくさんあるのに、子どもたちのつらさがなんでもかんでも「思春期のせい」にされてしまっていると思うからです。

一般的に思春期にはいろいろな葛藤《かっとう》が生じるとされています。思春期と呼ばれる10代前半〜後半にかけての時期は、「第二次性徴《せいちょう》」があらわれて身体が性的に成熟《せいじゅく》して大人になっていく時期であることはたしかです。女の子であれば、月経の周期に影響され気分や体調が大きく変動するようになります。でも、私は「思春期だから」ものすごく特別なことが起きるわけではないと考えています。むしろそのはじまりが中学校に入るときと重なるため、環境の変化による影響を大きく受けていることはまちがいないと思います。

――小学校と中学校ではぜんぜんちがうもんね。

子どものつらさがなんでもかんでも
思春期のせいにされている

はい。中学校に入ったら小学校にはなかった細かい校則を課されるし、なかには呼び捨てにする先生もいるし、部活動できびしくときに暴力的ですらある指導を受けないといけなかったりするし、部活をやめたくてもなかなかやめられないし、自分たちには髪《かみ》を染めるなと言ってるのに大人は髪を染めている。大人からの扱《あつか》いが急に変わって、窮屈《きゅうくつ》になる。だからいろんな反応が出てくるのも当然です。

この時期に起きている変化の1つに、子どもが大人を信頼できなくなる、ということがあると思います。「なんか大人っておかしくない？」「勝手にいろいろ抑圧《よくあつ》してくるけど、自分たちはどうなの？」ということに少しずつ気づいていくのではないでしょうか。でも、それを大人たちは、自分たちが窮屈にしていることは問題にしないで「思春期だから」と、子どもたちの問題にしてしまっていると感じています。

子どもたちと話していると、「思春期ってイヤだ」「思春期っていう言葉きらい」「思春期のせいにしないで」と言う子はけっこういます。その子たちに「なにがあったのか」をきくと、たとえば、女の子だったら、男の子から性的なジョークを言われてイヤだった。それで教室にいられなくなって保健室に行って、保健の先生に「こんなこと言われて苦しい」と言うと、「（言ってしまう男の子も、言われて悩む女の子も）思春期だからね」みたいなことを言われた、というようなことがあります。

「まわりからの視線が苦しい」「だれかから言われることが苦しい」「理不尽《りふじん》なルールが苦しい」「話をきかず押しつけてくる先生が苦しい」「わかってくれない親が苦しい」「きょうだいと比較《ひかく》されることが苦しい」「いじめが苦しい」「仲間はずれが苦しい」など、いろいろな苦しさがあって、それぞれ個別の悩みなのに、「思春期」というラベルを貼《は》ってしまう大人がいます。そのラベルは、思春期と言われる時期にいる子たちがなにに苦しんでいるのか、その体験のなかにふくまれているさまざまな問題を見えなくさせてしまいます。それによって大人はいろんなことを考えなくてすむし、子どもの声をきかなくてすむようになります。

もっとも、考えなくてすむのは、子どもたちにとっても同じかもしれません。自分を生きづらくさせるものを見つめつづけることはしんどい作業です。物事を単純化するラベルをぽんと貼ればそれ以上考えなくてすむし、見なくてすみます。また、「私たち思春期なので」って言えば、その一言で大人もなにも言わなくなる、ということもあります。そういうラベルとして使うこともあるのだろうと思います。

――それある。

子どもたちがとりあえず今の自分を守るために「思春期」というラベルをときに使うのは「あり」だと思います。でも、大人の側が思春期ラベルを振《ふ》りかざして子どもに説明してわかった気になったりするのは、子どもにたいして不誠実な態度だと私は考えます。

あなたへ、まずお伝えしたいことがあります。あなたはもしかしたら、思春期と言われる年代のまっただなかにある、「当事者」かもしれません。当事者はいちばんの専門家です。この本では「子どもは」「子どもたちは」という呼び方がしばしば登場します。他によい表し方がなかったためにこのように呼んでいますが、いちばんの専門家であるあなたは、もしかしたら「決めつけられている」や「ひとくくりにされている」と感じるかもしれません。

子どもたちは当然、だれともちがっています。書かれている内容に「自分はちがう」「同意できない」と感じることがあるかもしれません。そう感じたら、その「ちがう」という思いを大切にしてください。自分の、自分だけの感じ方や意思をないことにされるのは、だれだって苦痛です。この本の願いは、「つらい」「しんどい」は「あなたひとりのものではないよ」とお伝えすることと、「子ども」であることを理由に、ちがいを認められなかったり、意見を言うことを禁じたり軽んじたりする、そんな世の中にＮＯということです。

また、第1章の「男女のきめつけが苦しい」では、性的ないやがらせやからかいについて、男の子から女の子への行為という例を多く挙げています。もちろん、男の子が被害にあうこともありますし、被害をなかなか声に出せず、苦しい思いをしている男の子たちも多いでしょう。男の子、女の子という枠組みではくくれない子たちの苦しい体験もたくさんあるでしょう。ですが相談や事件の件数として表に出てくるのは、女の子が被害にあった場合が圧倒的に多いのが現状です。

今の日本には女性を、とくに若い（幼い）女の子を「性的な目で見てよい」「性的に消費（第1章で説明します）してよい」という空気がまだ濃く残っています。女の子が被害にあいやすい性的な事件やトラブルについて、女の子だけが被害者ではないということは事実ではあっても、それを理由に「女の子」という言葉を避けてしまっては、被害の背景にあるそのような空気を見えなくしてしまうと私は考えます。そのような理由から、性的な被害について話すときは、できるだけ「被害者」という言葉を使うようにしてはいても、「女の子」という表記が多くなっています。

では、これから、「思春期のせい」とラベルを貼られがちな問題について、じっさいにはどんなことが背景にあるのか、どんなことが原因となっているのかを考えていきます。「思春期のせい」という表現をすると、問題はその子自身のなかにあることになります。だから「自分のせい」と言われているような気がしてしまいます。でも本当はあなたの外に原因があって、あなたのせいじゃないかもしれない。それをお伝えしたいと思います。

この本の目的は、思春期のさまざまなしんどさの原因を、いったん世の中の側（まわりの環境、大人たち）に返そうよ、というものです。世の中の「せい」にしても、世の中はすぐには変えられません。ですが、少なくとも「私が悪い」「私のせいだ」という、自分自身を苦しめる呪《のろ》いを解くことはできます。

世の中のせいにしないと世の中を変えることはできない

「私のせいだ」と自分にダメ出しをしてしまう呪いは、前を向いて歩こうとするその足にブレーキをかけるものです。「世の中のせいにしてもなにも変わらない」「まず自分が変わろう」と（大人に）よく言われるかもしれませんが、私は「世の中のせい」にしないとその世の中を変えることはできないと考えますし、世の中のせいにしたうえでそんな世の中を変えていきたいと思っています。とはいえ、それはそれ。この本は、思春期の子どもたち・若者のみなさんに「世の中を変えよう」と訴《うった》えるものではありません。

ただ、「自分が悪いんだ」「自分がダメなんだ」「つらいのは自分のなかに原因があるんだ」「つらいって感じる自分が弱いんじゃないか」と感じているなら、そんな気持ちを少しでも、少しずつでも捨ててほしい、そんな願いをこめてお話ししていきます。

スクールソーシャルワーカーってどんなことするの？

まずは、「スクールソーシャルワーカー」とはどういうものかをお話ししますね。スクールソーシャルワーカーという言葉はききなれないかもしれません。「スクールカウンセラー」とまちがわれることもしばしばあります。スクールカウンセラーについては、相談したことがなくても、小学校から高校までの児童・生徒と保護者に向けて、「○曜日にスクールカウンセラーさんが来ているから、話をしたい人はどうぞ」というふうに案内されているはずなので、なんとなく存在は知っていると思います。でも、スクールソーシャルワーカーはきいたことがないかもしれません。

スクールカウンセラーは心の専門家として、困難のなかにある子どもたちの話をききながら、子どもたちの傷ついた心に焦点《しょうてん》をあわせて、さまざまな環境のなかで生きていく子どもたちが生き延びるのを支えていきます。それにたいして、スクールソーシャルワーカーは、子どもたちのまわりに働きかけて、具体的に問題の解決を図っていきます。大雑《おおざっ》把《ぱ》に言うと、子どもが困難な環境に置かれているときに、環境が子どもにとって安全になるように働きかけていくのが仕事です。

――環境?

たとえば「いじめ」という問題があったとします。スクールカウンセラーは、いじめの被害を受けた子のカウンセリングを通して、その子が心の健康を取りもどすお手伝いをします。一方でスクールソーシャルワーカーは、たとえば被害を受けた子が安心して通える学校の環境づくり(加害者と会わずに学べる環境づくりなど)や、怖《こわ》くて学校に行けなくなってしまったときにはその間のサポートをしたり(学校以外の学びの場を探してつないだり、オンライン学習などの導入を働きかけたり)、あるいは学校と本人や家族との話し合いを調整したりします。問題の背景になにがあるかを見きわめて、子ども本人ではなく、子どもをとりまく環境の側に働きかけていくのです。

たとえば、その子がなんらかの原因で心にダメージを受けて、眠《ねむ》れなかったり、落ち込んだり、自分を傷つけたくなってしまった場合には、カウンセラー(スクールカウンセラー)や精神科医につなぎます。その子がとてもつらい背景に、親との関係がうまくいっていないことがあれば、子どもと上手にかかわれない親が抱《かか》えている問題に働きかけます。貧困

> スクールソーシャルワーカーは、子ども本人ではなく子どもをとりまく環境の側に働きかける

でしんどいとか、仕事が忙《いそが》しすぎることが原因で子育てがうまくいかなくなっている場合は、使える福祉サービス（足りない生活費を給付する制度や、ひとり親を経済的に支援する制度、生活保護など）を導入できるようにすることもあります。親がその子に暴力をふるってしまっていて、保護が必要だと判断したときは児童相談所につなぎます。離婚や家庭内暴力（ドメスティック・バイオレンス＝ＤＶ）、借金などの問題がある場合は法律の専門家である弁護士の力を借りることもあります。

というようなかんじで、その子どもと家庭にかかわる人をどんどん増やしていって、子どものまわりの環境を安全にしていくことが、スクールソーシャルワーカーの役割です。

――かかわる人を増やすと安全な環境になるの？

そうなんです。困難があるときは、社会のなかにある制度などを活用するかたちで、子どもを支える人を増やすことで、子どもをとりまく環境を少しずつでもよくしていくことができるのです。

スクールソーシャルワーカーとして私が多く接するのは、不登校の子どもたちです。不登校の背景に学校の環境があるなら、その環境を変えるために、先生と必要な情報を共有して対策を提案するなど、学校に働きかけます。一方で、家庭の事情で学校から離《はな》れてしまうケースもあります。最近「ヤングケアラー」という言葉で注目を集めるようになりましたが、家庭のなかで日常的に家族の面倒《めんどう》をみている子どもがいます。家族のケアで疲《つか》れ切って学校に行けなくなったり、宿題をやる時間がなくて勉強についていけなくなって学校に行かなくなったり、家にいる病気の家族が心配で出かけられないということもあります。そういうときは、その子に代わって家族のケアを担う人を増やしていきます。そういった仕事をするのがスクールソーシャルワーカーです。

ほとんどのスクールソーシャルワーカーは学校の依頼《いらい》を受けて仕事をします。学校の先生が、「この子の抱《かか》える問題は学校の外にもありそうだ。学校だけではサポートがむずかしい。支援にはスクールソーシャルワーカーの力が必要だ」と判断した場合に依頼がきます（私はできるだけ子ども本人と保護者に直接会うようにしていますが、場合によっては先生から「この子の支援について、どうしたらいいですか？　助言をください」などの相談を受けて、先生に助言をするだけで終わってしまい、子ども本人と直接話さないなんてこともあります）。

ですが、学校が把握していないけど困っている子はたくさんいます。学校を通じた依頼しか受けないのであれば、学校にたいしてＳＯＳを出せない子や、学校とのあいだの信頼関係がくずれてしまっている子の場合には、スクールソーシャルワーカーはつながれません。でも、そういった子どもたちのほうがより一層スクールソーシャルワーカーの支援を必要としているかもしれません。学校に言えない、学校が信じられないという子は、それだけつらい経験をして、助けを必要としている可能性があるからです。

そして多くの子にとって学校以外の相談先はなかなか利用しづらいうえに、電話などで話をきいてくれても具体的に助けてくれる人や団体はあまりありません。どこにも相談できずに抱えこんでしまったり、あるいはSNSなどで見ず知らずの人に相談してそこから別のトラブルやつらい経験につながってしまうこともあります。学校を窓口にしてしか子どもたちとつながることができないのであれば、支援の必要性が高い子どもたちを置き去りにしてしまうことになります。

そのため、私は地域でフリーランスのソーシャルワーカーとして子どもたちの声を直接きく場をつくろうと、こども食堂やだれでも利用できる相談室、避難できる家（シェルター）の運営など、独自の活動をしています。

――フリーランスで相談を受けたときも、同じような仕事をするの？

はい。同じです。その子の環境を安全なものにしていくために、必要なことをします。

困りごとや悩みがあったら、スクールソーシャルワーカーに相談することも考えて

学校が問題として認識していないけれど学校での問題がある場合は、学校にたいしてなにが問題かを伝えて、改善に向けて働きかけます。

保護者と本人に了解《りょうかい》を得た場合には、学校に「そちらの学校の生徒さんが非常に苦しんでいるのですが、お話を伺《うかが》ってもいいですか」ときくと、「どうしたらいいかわからなくて困っていたので、力になってもらいたい」と言われるときもあって、フリーランスとして相談を受けたものとスクールソーシャルワーカーとしての仕事をリンクさせていくことも行っています。なかには学校がまったく把握していないときもあって、「（その子が）学校を休みがちになったので、どうしたんだろうか？　と思っていました。そういうことだったんですね」と言われることもあります。

学校でつらい目にあっているとか、家のなかで親からひどいことを言われたりしているとか、自分は心の病気ではないかと悩んでいるとか、どんなことでもいいのでなにか困りごとや悩みがあるけれど、どこに相談したらいいかわからないときは、学校の先生に「スクールソーシャルワーカーさんに相談したいです」と言うこともぜひ考えてみてください。もしかしたらあなたの在籍《ざいせき》する学校にもスクールソーシャルワーカーが来ていて、学校も「それではちょっと話をしてみない？」と言ってくれるかもしれません。

のぞこさん

K　まず、ここでお呼びするお名前と年齢を教えてください。

N　のぞこです。15歳です。

K　最初にこの本の趣旨《しゅし》を簡単に説明します。よく思春期って悩みや葛藤《かっとう》が多くて、反《はん》抗期《こうき》などとも言われたり、とにかくむずかしい年ごろと言われたりするけれど、思春期の子たちの悩《なや》みって、本当に「思春期だから」が原因なのかな？　と疑問に思ったことがこの本を企画したきっかけです。

この本では「あなたが苦しいのはあなたに原因があるんじゃなくて、あなたのまわりの、世の中の側にあるんじゃないの？」ということを探っています。という説明をきいて、率《そっ》直《ちょく》にどう思ったかきかせてもらえますか？

N　たしかにそうだなって思いました。私は中学生でこの春から高校生だけど、なにを悩んでいても年ごろだから、思春期だからって言われちゃうことはありました。思春期って、私はその言葉が嫌《きら》いです。

これって時期的な問題なの？　って。これって私が悪いの？　私の考え方が悪いの？　って。思春期って言われると、だれにでも起こることだから、そんなことで悩むなって言われてるように感じる。直接そう言われなくても、思春期ってそういう意味にきこえるし、そういう意味で使われてる気がする。

K　思春期って言葉はいつから知っていますか？

N　うーん……小学校の、たぶん5年生くらいのときの保健の授業だった気がします。思春期ってものが小学校高学年ごろから18歳くらいまでのあいだにあるってききました。悩んだり、男女のちがいが出てくる時期みたいな。

K どうして思春期って悩んだりするのかって、その理由を説明されたりしましたか？

N ぜんぜん（笑）。

K （笑）。それきいてどう思いましたか？

N 大雑把《おおざっぱ》だなーって（笑）。

K じっさい自分が思春期になってみてどうですか？

N きかれてあらためて考えると、軽く見られてるなぁって思います。理由がどうであれ私の悩みは思春期だから起こることで、だれにでもあるんだから、そんな重大に受け止めることないよって。

K そう言われて納得できますか？

N 納得できるかどうかというより、私はそう言われると自分のことを責めるほうだから。あぁ私が悪いんだって思って。こんなことで悩んでる自分が悪いんだ、弱いんだって。みんな同じなのに自分だけこんなに苦しくて消えたいのは自分がおかしい、自分が弱いって。というか自分って弱ぶってるのかなって思ったりしました。

K 弱ぶってるというのは？

N 本当は耐《た》えられるはずのことなのに、弱いふりしてあまえてるのかなって。

K 差し支えない範囲でかまいませんが、のぞこさんがどんなことで苦しんで悩んでいるか教えてもらえますか？

N 私は自分の見た目とかで悩みます。見た目についてネガティブなことを言われてつらいことがあって、それで学校に行くのがつらくなりましたし、自分で自分の見た目が好きではありません。あとはクラスのだれかがほかのだれかの容姿《ようし》や体型をからかったり、「あいつブスだよな」「デブだよな」とか言うのをきくのがつらいです。

あとは下ネタというか、性的な冗談《じょうだん》をきこえるように言ったり、容姿ネタや性的な話をするのは男子が圧倒的《あっとうてき》に多いけれど、「男子は幼いから」とか、それこそ「思春期の男子ってこうだから」って大人が見逃すのがイヤだったりします。

K　男子が異性の見た目をあれこれ言ったり性的なことを言うのも思春期だから。それを言われた側やきいた側が傷つくのも、思春期だから。あとは「女子どうしでトラブルが起きるのも思春期だから」というのもきいたことがあります。

N　ありますね。

K　思春期のせいで見逃されるだけじゃなくて、男はこう、女はこうっていう性差による決めつけも入ってそう。

N　だと思います。そうやって思春期とか男女のちがいのせいにされて流されてしまうのがつらい。人を傷つけることを言うのは思春期とか性別関係なくダメなはずなのに、なんで大人は流すんだろうって。なぜか言ってる側はあんまり怒られない。ふつうに人としてダメなことを言ってるのに、なんで思春期だからって片付けられるんだろうって。

K　その場にいた大人、たとえば教師とかだけれど、どんなふうに対処してますか？

N　ダメだよってその場で叱《しか》るところは見たことがない。ちょっと気にしてる感じはあるけど、その場で注意することはなかった。たぶんだけど、その場にいる言われた側も笑って受け流したりしてたから、だからなにも言えなかったんだと思う。

でもきいてるだけの私は苦しかった。直接言われてなくても、自分が言われてるような気がしたり、私がいないところで自分についても言われてるって思っちゃうから。トラブルにはなってないから、先生もなにも言わない。でも受け流してる子もいるから、傷つく自分が弱いんじゃないかって思ってしまう。

K　受け流す子たちは、どうして受け流すんだと思いますか？

N　どうだろう。言われてる側も言われたことがダメなことだってわかってないのかもしれない。たぶん、その場にいる大人もわかってないのかも。大人も教えられてこなかったんじゃないかな。知らずにそのまま大人になったから、教えられないし注意できない。
　人を傷つけたり容姿を否定する言葉が日常にあること自体がおかしいはずなのに、当たり前にあるからそれで傷つくほうがおかしい、みたいになってる。

K　思春期という時期があるとして、のぞこさんにとってどんな時期だと感じますか？

N　うーん、大人でも子どもでもない、そのあいだにある時期みたいな。知識や経験の量は大人に比べて足りないけれど、子どもと言えるかというとそうでもない。成人はしていないから子どもではあるけれど、それを言うなら小学生も幼稚園児も子どもで、だけれど明らかにちがう。だから子ども扱いもされるし大人扱いもされる。「まだ子どもなんだから」とも言われるし。

K　「もうお姉ちゃんなんだからしっかりしなさい」とも言われるし。

N　そうそう（笑）。

K　では逆に、のぞこさんから見て大人ってどんな存在ですか？

N　大人なのになんとなくで生きてる人が多いように見えます。さっきの話にもあったけれど、なにがダメでなにがよいのか言えなくて、そしてなぜダメなのか理解していない大人が多いんじゃないかなって。そして子どもの気持ちがわかってない大人が多いと思う。

K　どんなときに「この大人は子どもの気持ちがわかってないなぁ」って感じますか？

N　学校に行きたくなかったときに、ただ「学校には行くものだから行け」って言われたときです。学校がつらくてつらくてしかたがなかったときは、とにかくこの苦痛から逃《のが》れることしか考えられなかった。でもそのつらさ、なにが苦しいのかはきいてくれずに、とにかく学校に行かせようとばかりされた。ぜんぜんわかってもらえてないと感じました。

K　なぜ行きたくないのかも、なぜ行かなければいけないのかも、きいてくれなかったし教えてくれなかったんですね。

N　ただ「義務（教育）だから、行かなきゃいけない」としか言われませんでした。そう言われても納得はしなかったです。納得はしないけど、怖《こわ》いから行きました。

K　なにが怖かったんですか？

N　機嫌《きげん》悪いのが。私が学校に行かないと親が機嫌悪くなるのが怖かったし、自分が親のストレスになってるのがイヤでした。行けばなにも言わないから、しゃーない行こう、みたいな。それで学校に行っても、ぜんぜん自分の意思じゃないのに、でも行くことを選んだのはあなたでしょ？　って言われる。私なのか？　私が選んだのかこれは？　ってモヤモヤしました。

K　つまり不機嫌でコントロールして自己責任にするという。

N　そうです。ずるいですよね。

K　**そういう大人は「無理に（学校に）行けなんて言ってない」と言いわけしたり。**

N　でも、子どもにとっては行けって言われてるのと同じです。めっちゃわかるんですよ。私が学校休むと、（親が仕事から）帰ってきても無言でため息つきながら料理はじめて。ごめんなさい、生きててごめんなさいって気持ちになります。あとは「私はあなたのためを思って」とか言ってきたり。いやただ怖かっただけですから。

K　**たしかに怒鳴《どな》りつけたり叩《たた》いたり無理やり学校に引きずっていくってことはしてないわけで。ただ不機嫌なだけ。**

N　だけど大人って子どもの不機嫌にはすごくきびしいですよね。ちょっとでもつらい顔をしたり、どうしてもイライラして、でもなにも言ってないしだれにも当たったりしてないのに、すぐ、「どうして怒ってるの？」とか言われます。そうするとこのイライラとかつらいって感情を持ってちゃいけないんだなって思ってしまって。

K　**その感情は、だからといって無くなるわけではないと思います。どこに向けていますか？**

N　自分です。自分を傷つけたくなってしまったり、傷つけてしまったりです。そうするとそれをまた怒られたり。

K　**イライラくらいさせてほしいですよね。そっち（大人）もしてるんだから。**

N　本当ですよ（笑）。私は親のイライラを静かに静かに、存在感を消してやりすごしているのに、どうして私のイライラは受け止めてくれないんだろうって。

K　フェアじゃないですよね。

N　フェアじゃないです。イライラを出せないし、自分に向けてもそれもダメだって言われるし。どうして大人は子どもが不機嫌になるのが許《ゆる》せないんだろうって思います。

K　親以外にも不機嫌でコントロールしてくる大人は身近にいますか？

N　先生にもいます。おっかないです（笑）。教室に入ってきた瞬間《しゅんかん》から「あ、今日はやばいな」ってわかる。しかめつらして、音たててドア閉めて、教卓にわざとかよってくらい音たてて荷物置いて。いつもと変わらないのに挨拶《あいさつ》をやり直させて。あと筆圧が強くなる。それが1時間目だと、あきらかに生徒が原因ではないはずですよね。ぜったい私情じゃんって。これ私たち悪くないよね？　私情ぶつけられてるだけじゃない？　って。

K　でもそれは許してほしいわけですよね、先生たちは。

N　そうなんですよ。それは許さなきゃいけない。

K　でもたとえば生徒が朝、家でイヤなことがあってイラついてて起立って言われても立たなかったりオラついた態度だと。

N　それはぜったい許されない。すぐ生活指導入ります。

K　学校の指導ってどうですか？　校則や、違反《いはん》したときの指導のありかたってのぞこさんにとって妥当《だとう》だなって納得できるものですか？

N　そこはちょっとわからなくて。私はなにか言われると全部自分が悪いんだって思ってしまう癖《くせ》があるので、たとえおかしなルールがあって納得できない指導をされても全部自分が悪いことにして自分を責めてしまうし、そうしてきたと思います。

K　なにを言われても「自分が悪い」ってスイッチが入ってしまうから、言われてる内容が必要なことなのかそうじゃないのか判断できなくなってしまう？

N　わからなくなっちゃいますね。

K　その自分が悪いんだスイッチが入るようになったのは、いつくらいからですか？

N　中学1年生くらいのときかな。

K　なにかきっかけになった出来事はありますか？

N　学校でつらいことがあって、行きたくないって言ったら、親はブチギレて行けっていうし、先生に言っても、「今は悩む時期だけどきっと乗りこえられるからがんばろうよ！　みんなで思い出つくろうよ！」ってきれいごと言われたりとか。

K　そう言われて、「そっか、がんばろう」とは……。

N　思えなかったです、ぜんぜん。そのときのその先生はいつもそうで、つらいって言ってもなにがつらいのかぜんぜんわかろうとしてくれませんでした。私はここ（床《ゆか》の近く）にいるのに、先生はいつもこの辺（高い位置）から声をかけてくる感じ。

私が見てるものを見ようとしてくれない。そして「先生も（今の私と）同じ年ごろのときっていろいろつらいことあったけどさ、なんとかなったから大丈夫《だいじょうぶ》だよ」って。いや、あなたがどうにかなったからって私がどうにかなるわけじゃないよね？　って。それも思春期って言葉があるせいだなって思います。

K　どういうことですか？

N　子どものときのつらい経験って、大人にとっては、目の前の子のつらさを理解する貴重な経験じゃないですか。でも思春期って言葉があるから、自分がつらかったのも思春期のせい、反抗期のせい、みんな経験するし通り抜《ぬ》けられるから大丈夫ってなってしまう。

K　思春期フィルターで自分の過去のつらさも、目の前の子のつらさも軽んじてしまうということでしょうか。

N　そういうことです。みんなが通過するから、あなたの悩みも乗りこえられて当たり前なんだよって。そう言われると、みんな乗りこえられるレベルの悩みでこんなに苦しいのは自分が悪いんだって。

K　自分が悪いんだスイッチが入ってしまう？

N　そうです。もしかしたら先生の言ってることが事実で、いつか私の悩みにも終わりが来て、ああ、あのときあんなことで悩んでたなぁなんて思えるときが来るかもしれないけれど、でも今まさにつらい、ここがつらい、そのつらさは、思春期という言葉ではどうにもならないんです。

K　大人に、どう変わってほしいですか。

N　まずは話をきいてほしいです。そしてつらいことに慣れることを求めてほしくない。おかしなことに適応することを求めないで、おかしなことやつらいことは、おかしいよ、つらくて当たり前だよって言ってほしい。

第1章

学校が苦しいのはなぜ?

1 決まりごとが苦しい

私自身の体験を振《ふ》り返ってみても、学校では、ほめられる体験より、叱《しか》られる体験が多かった気がします。学校には、大人が決めた正しさの枠《わく》、あるべき子どもたちの姿という枠があって、そこからはみ出てると叱られるからだと思います。

私には現在高校生の子どもがいます。彼女が中学生のときにこんなことがありました。冬、教室のなかでもとても寒くて、娘は制服の上から上着を着ていました。でも学校には、「教室内で上着を着てはいけない」という規則（校則には書かれてない規則でした）があったので、担任の先生から注意されました。納得できなかった娘は、先生に、寒いときはどうすればいいのかたずねました。先生は「制服の下に暖かい下着を着てきなさい」と言いました。

でも、朝は暖かかったけれども、途中で寒くなることもあります。逆のこともあります。

制服の下に下着を着ていたら、暑いときに脱《ぬ》いで寒いときに着るという調節ができません。だから娘はその後も寒いときは上着を着つづけて、先生から叱られつづけ、一時期学校を途中《とちゅう》で抜《ぬ》け出すようになったので、学校に事実確認と話し合いをお願いし、私が出向くことになりました。

学校で私は「どうして『教室内で上着を着てはいけない』というルールがあるんですか？」と先生にききました。「合理的ではないと思います。先生たちも暑くなったら脱いで、寒くなったら着るということをしていると思います。私もここに来るまで上着を着ていましたが、校長室が暖かいので脱ぎました。大人が当たり前にやっていることが、なぜ子どもはできないんですか？」ときいたのです。

すると、担任の先生はしばらく黙《だま》ってから、「規則だからです」と言いました。たぶん「教室内で上着を着てはいけない」という規則に、合理的に説明できる理由がないから、そう答えるしかなかったのだと思います。さらに何度か「なぜですか？」とききましたが答えは得られず、結局、その場で「じゃあ着てもいいです」ということになりました。

――え？　いいことになったの？

はい。でもなぜか「パーカーかウインドブレーカーのみ着用可能」と言われました。「カーディガンはダメですか？」ときいたら、ダメでした。私はその時点で先生とのやりとりにものすごく疲《つか》れていたので、納得できたわけではないけれど「わかりました」と言いました。私は「どうしてカーディガンはダメなんですか？」ときくのをあきらめてしまったのです。

私があきらめたように、子どもたちもたくさんのことをあきらめて、いろんな言葉を奪《うば》われてきたのだろうと思いました。保護者である私は叱られることはありませんでしたが、先生と生徒という関係で、子どもたちが先生に疑問に思ったことをきいても、言えば言うだけ、質問すればするだけ叱られてしまうことになりかねません。だから、「言っても無駄《むだ》だな」「どうせ3年間しかいないし」と、言いたいこと、ききたいことをのみこんで、理由がわからない規則やイヤだと思う校則でも守っておくほうがマシ、ということになります。

私はこういうことも、さっき話した「色眼鏡」の原因になると考えています。

――どうして？

合理的な理由のない規則を守らなければならないのは理不尽

合理的な理由がない規則を守らなければならないのは理不尽《りふじん》です。理不尽とは道理が通らないことです。「たとえ合理的な理由がわからなくても、規則は守らなければならない」という世界で過ごすうちに、理不尽や疑問はのみこまなければならない、がまんして受け入れなければならないんだと、刷りこまれてしまいます。

それも一種の色眼鏡です。なぜかというと、社会に出たときに、「理不尽なことでも引き受けなければならない」「疑問はのみこまなければならない」という色眼鏡で世の中を見るようになるし、自分自身を見るようになるからです。

――でも、なにか言ってもなにも変わらないし、叱られて損するだけじゃない?

たしかにそうですね。だから多くの子どもたちが、とりあえず疑問をのみこんでやり過ごしているのだと思います。一方で、それができなくて苦しい子どもたちは学校に行けなくなってしまうこともあります。

じっさいに、大阪府の高校で「髪《かみ》の染色《せんしょく》や脱色《だっしょく》を禁止する」という校則があったため、生まれつき髪の色が黒くなかった女の子が、髪を黒く染めるように指導されたことが原因で不登校になったケースがありました。

――髪染め禁止なのに黒に染めさせられたのって、おかしくない？

そうですよね。この場合、髪染め禁止というのは「染めてはいけない」のではなく「髪の色は黒でなければならない」ということを意味しています。「パーマ禁止」「髪染め禁止」などの校則は、だいたいパーマや髪染め自体を禁止するというより、「髪はストレートでなければならない」「髪は黒色でなければならない」という意味になっています。身体の特徴《とくちょう》について一方的に基準を設けて、それにあてはまらない人にたいして「あなたはまちがっている」と言っているのも同然で、人権侵害《しんがい》にあたります。まして、大阪府の高校のように強制的に髪色を変えさせるのは暴力的と言っていい人権侵害です。

髪がストレートや黒じゃない人は「地毛《じげ》証明」を出さなければならない、という学校もあります。自分の身体の特徴について、「証明」を出さなければならないのは非常に屈辱《くつじょく》的で、これも人権の侵害です。

――人権侵害ってどういうこと？

人権とは、すごく簡単に言うと、すべての人が生まれながらに持っている「ありのままの自分」が大切にされる権利のことです。そのために、私たち1人ひとりの安全（安心）と尊厳（自信）、そして自由が守られることです。少し具体的に言うと、住む場所や食べ物があること、暴力や紛争《ふんそう》から守られること、健康にくらせること、必要な教育を受け自分の可能性を伸《の》ばせること、自分自身や親の人種や国籍《こくせき》、性別、病気や障害、考えや意見で差別されないこと、意見を表明でき、それが尊重されることです。

校則では、人権が軽んじられています。今言ったように、だれかの外見（髪型など）を強制的に変えさせるのは人権侵害です。服装について、気候にあって健康的な、そして自分にとって苦痛でない服が禁止されるのも同様です。たしかに時と場に合った服装をすることはマナーとしては大切です。ですが、マナーは人権の上にくるものではありません。いかなるルールも人権が守られた上で設定されるべきです。「中学生らしい服装」「高校生らしい服装」などの「らしい」はとてもあいまいで、時代によっても変わります。だからこそ「人権を侵害しない」というベースラインが守られなければならないんです。

そして多くの校則には、当事者である生徒の声が反映されていません。娘が通っていた中学校での「教室内で上着着用禁止」の例がそうであるように、昔だれかがなにかの理由で設定したけれど、その理由がすっかり忘れ去られてしまったものもあります。

また、たとえば校則に違反したからといって、その罰《ばつ》として授業を受けさせなかったり卒業式や入学式に出させないということも、教育を受けるという人権に反しています。

髪型の校則については、こんなことがありました。

KAKECOMIに来ているある中学生の女の子は、ずっと髪が長かったのに、ある日突然とても短いベリーショートの髪型になってやって来ました。あまりに短いのでおどろいて話をきくと、その子はのばしていた髪を短くしようと美容室に行き、なじみの美容師さんに髪型を任せてばっさりショートカットにしてもらったそうです。次の日に学校に行くと先生に呼び止められて、「それはツーブロックだから切り直してこい」と言われたそうです。その学校では「ツーブロック禁止」という校則があったのです。

それで彼女は美容室に行って「ツーブロックだと言われたので整えてください」と言って整えてもらったのですが、次の日に学校に行くと「まだツーブロックだ」と言われました。「なんで?」と思ったけど、しかたなくまた美容室に行きました。美容師には「これ以上短くしたら坊主《ぼうず》になるよ」と言われましたが、「先生に怒《おこ》られるのも怖《こわ》いし、切らなければ面倒《めんどう》なことになって疲れるからいいです」と切ってもらったというのです。

——うちの学校もツーブロック禁止だよ。

「ツーブロック禁止」という校則も合理的な理由がありません。髪型をツーブロックにしていたら道で犯罪《はんざい》にあったりトラブルに巻きこまれる確率が何%上がるなどのデータはありません。なんとなく禁止されています。くり返しますが、そもそも人の外見をだれかが強制的に変えさせることは人権侵害です。

この例のように、髪型にかんする校則があることで、校則を守らせるための指導として人権侵害が起きてしまっています。髪型だけでなく、制服をはじめとして、身につけるものについていろいろな校則がありますが、自分の身体に直接かかわることであり、そういう校則があることは、学校が苦しくなることの要因の1つとなっています。

制服も、なければならない合理的な理由が説明できないルールの1つです。そもそも制服は女性と男性でスカートとズボンに分けられてしまっていることが多く、男女による服装のちがいを決めつけていて、ジェンダーの観点からも問題があります。それについては、この章の「3　男女の決めつけが苦しい」で考えます。

ただ、私は制服の必要性自体を完全には否定しません。服装というのは家庭の経済状《じょう》況《きょう》がわかりやすく反映されてしまうので、とりあえず同じものが設定されていれば安心できる子たちもいます。中学校までは世帯の所得に応じて制服購入《こうにゅう》にたいする補助があり、高校でも必要な家庭は奨学金《しょうがくきん》などでカバーすることができます。

また、けっこうきくのが、「毎日着るものを考えるのはめんどくさいから、とりあえず着ていくものがあると楽」という声です。1週間のコーディネートを考えるのが大好きで楽しい子もいれば、めんどくさいと思う子、苦痛になる子もいます。だからたとえば「標準服」などとして、着たい人が着ることにすればいいと思います。でも、「制服を着なければならない」と強制されることで、いろんなゆがみが生じています。

――ゆがみって？

全員が制服を着なければならないということは、制服着用は強制で、生徒には服装の自由がなく全面的に管理の対象になるということです。いろんな理由で着たくない人のことは考えられていません。そして、シャツを出してはいけないとか、スカートの丈《たけ》が決まっていたりして、それを守っているかチェックされることが多いですよね。くつ下の色や、学校によっては下着の色まで決められていることもあります。制服を着ても着なくてもよくて、私服の生徒もいるなら、ここまで決めることはないでしょう。

制服は、全員じゃなくて
着たい人が着るようにすればいい

でも学校以外で、だれかのスカートの丈やシャツの裾《すそ》、あるいは下着の色なんかを毎日チェックしている人がいたらどうでしょう。ちょっと気持ち悪い人だなって思うのではないでしょうか（私はそう思います）。世の中ではセクシャル・ハラスメントだと言われてしまう行為《こうい》でもあります。ですが制服着用が強制されている学校では、その「気持ち悪い」行為が「管理」として許《ゆる》されてしまっています。いつの時代も「校則を守れなければ社会に出たら通用しないぞ」と言う先生がいますが、社会で通用しない指導がまかりとおっているのは学校の側だったりします。

――ほんとだね。

また、全員が着ることになっている制服は、学校のシンボルにもなっています。制服を着ていると、学校の外を歩いていても、どこの学校の生徒か一目でわかるからです。細かい指導が入りやすく、どこに行ってもなにをしていてもすべての行動が「〇〇学校の生徒」として認識されてしまう制服は、ただの服以上の意味を持っています。もともとは制服を着ること自体がイヤでなかった場合でも、学校に行けなくなってしまった子たちのなかに一定数、制服が着られなくなってしまったという子もいます。

学校でつらいことがあって学校に行けなくなってしまって、制服に袖《そで》を通すと気持ち悪くなってしまう。もう一度学校に行ってみようかなと、チャレンジしたい気持ちがわいてきても制服がつらいから行けない。学校に「私服で登校してはいけませんか」と相談すると、たいていの学校では「困ります」と言われてしまいます。

学校にとっては、その子が学校に行きたい気持ちよりも、制服を着られるかどうかのほうが大事だということです。それは本人にも伝わります。「私よりも制服のほうが大事なんだ」「歓迎《かんげい》されてないんだ」とわかります。そうすると、ますます学校から遠ざかってしまうことになります。

——でも、みんな制服なのに1人だけ着なくていいというのは特別扱《あつか》いだよね？

私は、特別扱いはみんなに必要だと考えています。1人ひとりがちがう存在なので、「みんなこう」と決めるのではなく、それぞれにとって必要なことを考えるのがいいと思うのです。

とはいえ、あなたがききたいのはそういうことではないですよね。たしかに全員制服の学校で1人だけ私服でいいというのは特別扱いと思われがちですが、ちがう見方もできます。もともと学校が設定している基準とたまたま合っている人、合わせられる人が学校にいられるというのは、学校の基準に合わせられなくて学校に行けなくなった子から見たら、学校に行けている子たちへの扱いのほうこそ、「学校に来てもいいよ」という特別扱いを受けているというふうに見えます。

学校が設定した基準を守れる子たちの生活に支障がない範囲《はんい》に限って配慮されるということが、まだまだ根強く残っています。つまり「学校の基準をクリアした子たちの日常を乱さない、迷惑《めいわく》をかけない、じゃまをしない人に限って受け入れてあげましょう」ということになっていて、制服を着られない子は、日常を乱す存在にされてしまっています。

なぜなら、制服を着ない子が学校に行ったら、「なんであの子は制服を着なくていいんですか?」と言う子が出てくるからです。不満ではなくて当然の疑問です。「自分たちは制服を着なければならず、着方もきびしく決められているのに、あの子は免除《めんじょ》されているのはどうして?」という疑問が出るのは当然です。

その疑問にたいして先生たちがきちんと理由を説明すれば、子どもたちもわかるはずです。「みんなが自然に着られる制服だけど、その子は制服を着ると苦しくなってしまう。それで学校に行けないのは、その子の学ぶ権利を侵害することになってしまう。だから、その子が学校に来るために制服を着ないことが必要なんだよ」と説明したうえで、「みんなのなかにも本当は制服がしんどいという人もいるかもしれない。そのときは相談してね」と言えば子どもたちは納得すると思います。

――そうしたら、制服を着たくない人も出てくるでしょ？

それはそれでかまわないと思うんです。さっき話したように、制服は着ても着なくてもいい、標準服のようにすればいいいと思います。でも、いまは多くの学校では全員が着ることになっています。私服の子を1人でもまぜてしまったら、ほかの子たちが乱される、言い換《か》えると、学校の秩序《ちつじょ》が維持《いじ》できなくなることを恐《おそ》れているように思えます。だとすると、秩序を守るために、学校に来たくても来られない子がいるのもしかたない、ということとなります。その秩序ってだれのためにあるのでしょう？　秩序が守っていることってなに？　という話になります。

――でも、制服を着なくてもいいのはズルイ気がする。

もし、「ズルイ」と思うとしたら、その根っこに自分の苦しさ、こうなってほしいけど

「ズルイ」と思う気持ちはじっくり向き合う価値がある

なっていないもの、曲げられてしまっているもの、しんどいなと思うものがあるはずです。制服を着ていてもべつに「なにも苦しくない」「これでいい」「制服好き」なら、制服を着ない人がいても「ズルイ」とは感じないですよね。「ふーん、あなたはあなたでいいね」「私は私で着るからいいわ」となるはずです。

私は「ズルイ」というのは、じっくりと向き合ってみる価値のある気持ちだと思っています。その気持ちに向き合うことで、自分自身やまわりのことについてわかったり、整理するきっかけになるからです。それに、それをしなければ、自分のなかの「ズルイ」に振り回されて「ズルイ」と思う相手を攻撃するほうに向いてしまうこともあります。

「ズルイ」の根っこにあるいろんなものを見ようとしないまま大人になってしまうと、大人になっても「ズルイ」に振り回されることになりかねません。じっさい、今、少なくない大人が「ズルイ」に振り回されています。

たとえば、マイノリティ（社会的に弱い立場におかれた、権利が侵害されてきた人たち）が当たり前の権利を回復しようとするだけで、「特別扱い」「ズルイ」という声があがっています。電車内での痴漢《ちかん》があまりにも多いから設《もう》けられた女性専用車両にさえ、一部の男性から「ズルイ」「男性差別だ」という声があがり、原因となった事実にこそ目を向ける必要があるのにそれを無視して「ズルイ」と感じた相手＝女性を攻撃してしまっています。

話をもどすと、あなたが「ズルイ」と思うこと自体が悪いのではありません。「ズルイ」と思う根っこにある、なにが苦しいのか、なにがイヤなのか、なにが不安なのかにしっかり向き合っていくことが大事なのです。でも、今の教育現場ではそこにふたをかぶせてしまって、「ズルイ」という気持ちを抱《いだ》かせないようにしてしまっていると感じています。

——どういうこと？

私服での登校が「困る」というのも、あらかじめ「ズルイ」と思わせるものを排除しています。私服の子がまじらない学校では、そのことで「ズルイ」と思う子は出てこないでしょう。でも、それは、「ズルイ」と思う気持ちに向きあう機会、自分がそう感じる背景について考え、理解する機会をなくしていることでもあります。

制服を着ない子がいるとほかの子が「ズルイ」と思うかもしれないなら、それはなぜなのかを考えればいいのです。（制服が着られなければ）学校に行かなければいい、というのは、自分の苦しさについて考える機会を奪《うば》うだけでなく、「みんながそうなのだから、制服がイヤでもがまんしなければならない」と、よけいに苦しい状況をつくってないでしょうか？

つけ加えると、「私服で学校に行ってもいいですか?」と言われたときに、「昼間はダメだから、放課後に来ないか?」と言ってくれる先生もたくさんいます。学校として登校が認められないなか、その子のことを思ってのことです。でもそうすることで、先生の業務時間が増えてしまいます。そういう先生を支えているのが熱意とかやる気だけになっていることも大きな問題です。私服での登校を認めない、全員制服という秩序を守ることは、先生の負担も重くしていると思います。

校則ではありませんが、学校ではたいていクラスで一体となってなにかをやり遂げた達成感や、仲間意識を持つことがよいこととされています。一見もっともなことのようですが、「まとまっているのがよいクラス」という価値観をおしすすめると「クラスはまとまっていなければならない」ということになり、「まとまっていないクラスはよくない」ということにもなります。

「クラスがまとまっていること」とは、みんなが同じように行動できる、クラスの和を乱す生徒がいないということです。そういうクラスがよいクラスとされるので、担任の先生は一所懸命《いっしょけんめい》それを実現しようとします。

――わかる。

私は仕事でいろいろな学校を訪れますが、年度の最初のほうで、クラスのスローガンや目標を決めて、それに向けてがんばろう！　と、それぞれの教室に掲示《けいじ》しているのをたくさん見かけます。年度初めで、先生も生徒1人ひとりをわかっていない、生徒どうしも自分のとなりの子がどんな子かわからないし、先生がどんな人かもわからない。まだなにもわからないなかで、「このクラスの目標を決めましょう」と言われる。

じっさいのところ、子どもたちにとってはさほど興味ないのではないでしょうか。けれども、目標を立てるのがならわしになってるし、先生もやろうと言ってるし、目標を立てないと次に進まないかんじだから、「どんな目標がいいですか」みたいに話し合いをします。すると「みんな仲よく」とか「助け合って」とか、なんとなく「ありがち」な目標に決まり、それが教室に掲《かか》げられます。

でも、クラスでなにかトラブルが起きたときに「このクラスの目標はなんだったっけ？『みんなで協力して仲よく』じゃなかった？　君たちがみんなで決めた目標だよね。自分で自分たちを裏切ってどうするの！」と怒ってる先生にたまに出くわします。「先生、たぶん、子どもたちは自分で決めたとはぜんぜん思ってないと思いますよ。なんとなく先生が好きそうな言葉を、これでいいかなと適当に決めただけだと思います」と先生に伝えることもあります。

年度初めにいきなり「目標を決めよう！」と言われてしかたなく決めたのに、なにかあったら、「自分たちで決めたのに」と言われる。これは子どもたちにとっては理不尽なことです。

――だいたい期待されてることでないと、ダメとか言われたりするからね。

はい。「みんなで話し合って決めてもらいました」という、みんなの意見のようなかたちは取るけれど、実態は出てきた意見にたいして正解・不正解を教師が判断していると思います。

しかたなく決めたのに、自分の選択《せんたく》だとされることは、部活でもあります。

私が住む福島県の白河市は、私立中学校は存在せず、公立中学校が8校あります。白河市では中学校での部活は原則として強制加入です。つまり部活をやりたくなくてもどこかには所属しなければなりません。

ところが、部活の種類は多くありません。運動部はソフトボールと卓球《たっきゅう》とサッカーだけ、文化部は吹奏楽《すいそうがく》だけ、というような学校もあります。もし部活動が50種類くらいあれば自分のやりたいことを選べるかもしれませんが、少ない選択肢《せんたくし》で選ばないといけない。だから、当然やりたくもない部活に入る場合もあります。

そして、学校では基本的に困難に立ち向かうのがよいこととされていて、逃《に》げることはよくないこととされています。だから、そうやって入った部活で、やっぱりおもしろくないとか、練習がキツイとかで「つらくなった、やめたい」と言うと、「逃げるな。自分で選んだんだからつづけろ」と言われたりします。

すごく限られた選択肢しかなくて、しかも入らない選択肢はない。そういった状況で選んだことを「自分で選んだんだから」と言われる。そして、苦しいことがあっても、努力してそれを乗りこえることがよいことだとされ、やめることができない。これも理不尽で、学校がつらい要因の1つとなっています。

もっとも、自分でほんとうにやりたくて選んで入った場合も、やめたくなったらやめていいのです。子どもであっても、自分がなにをやるのか、なにをやめるのかは自分の意思で決められて当然なのです。このことについては、「第2章　子どもの権利ってどんなもの?」のなかでお話しします。

やりたくて入った部活でも
やめたくなったらやめていい

——やめる話ばかりしてるけど、部活で楽しいこともあるよ。

もちろんです。楽しいときはおおいに楽しみましょう。苦しいことがあっても、それを上回る楽しさや、あるいはつづけることで自分にとってよい影響《えいきょう》やメリット（リターン）があれば、人は少しの苦しさなら乗りこえていこうとするものです。そう感じるときは思いっきり部活を楽しんでください。

ただし、苦しさが「人権を侵害する」レベルのものになると、いくら楽しいと感じている人がいても、その部活のあり方は見直しが必要です。

部活は学習指導要領では「生徒の自主的・自発的な参加により行われる」とされていて、そもそも任意、つまり自分の判断でやってもやらなくてもいい活動です。今、学校の先生の業務がたいへん増えているなかで、顧問《こもん》につくことで先生の負担もさらに重くなります。その競技や芸術の経験がない先生が顧問を務めることもあり、正しくない指導で子どもたちに悪い影響がある場合もあります。任意参加でやりたい人が楽しいと思う部活ができればよいのではないでしょうか。

中学で部活が強制である理由の1つとして、高校受験のときの調査書に部活動に所属していたことがポジティブな評価として書けるから、と説明されることがしばしばあります。

ですが部活動に所属していたかいなかったかで、高校のその子にたいする評価がどれだけ変わるかというデータがあるわけではありません。

私の子どもは絵を描《か》くのが好きで、中学校に入学して美術部に入ったのですが、「創作というすごく個人的な活動を、なんでわざわざ同じ時間に教室に集まってしなきゃいけないのかがわからない」と言って、初日だけ行ったあとはいっさい行きませんでした。でも高校入試のときの調査書には「美術部」と書いてありました。なんだかな、と親子でため息をついたことを覚えています。

――そういうこともあるんだね。

「所属するけど行かない」は1つのサバイバルスキルだと思います。「行きたくないならサボっちゃえ」です。サボっても調査書には、「美術部」とか「サッカー部」という所属しか書かれません。「所属していましたが、1日も活動には参加していませんでした」とわざわざ書く教師はいないでしょう。だから部活動が強制されている学校では、籍は置くけれど行かないというのも1つです。

娘から「所属しなければいけないからとりあえず所属はするけど、今後行くつもりはない」と言われたとき、私は「行くつもりがないと言っていて、私も別に行かせようと思っていないので放っておいてください」と学校に連絡しました。先生も「わかりました」と言ってくれました。これはあくまでも私たちのケースですが、試してみてもよい方法だと思います。

また、部活動にかぎらず、中学校自体が「選んだわけではない」場合が多いと思います。とくに公立学校の場合は住んでいるところで決まっている学校に行ってるだけですよね。私立の学校がない地方ではだれもがそうです。自分で選んだわけではないのに、いろんなルールを設定されて守らなければならないのが学校だ、とも言えます。

私立中学校の場合も、中学校受験は本当に子ども本人が選んだことなのか、微妙《びみょう》なケースもあるのではないでしょうか。親が考え、親が調べ、親が決め、「あなたのためだよ」と言われて受験して、合格した学校に通う、そんな子は少なくないはずです。それなのに「イヤだ」「苦しい」と言うと、「逃げるな」「努力しろ」と言われてしまう。これではしんどいですよね。

2
人間関係が苦しい

子どもどうしで、傷つけてしまう、傷つけられてしまうということも、学校が苦しくなる大きな要因です。学校では、人間関係の小さなすれちがいや誤解から深刻ないじめまで、さまざまなトラブルが起きます。いじめは、いじめる・いじめられるという加害と被害の関係が学校という閉鎖された環境のなかで生まれ、固定化されることでつづいてしまいます。

校則についての話からもわかるとおり、学校は生徒に同じであること、逸脱《いつだつ》しないことを求める傾向があります。そうなれば当然、「みんなとちがう子は排除してもかまわない」という空気が生まれやすく、そういう、異質な存在を排除するようないじめも起こります。「気にいらない」「いじめてやろう」という悪意からはじまるいじめもあります。

それらのほかに、学校や教室という環境が圧力になって生じるさまざまな葛藤《かっとう》からいじめに進んでしまうケースもあります。じつは私は学校での人間関係のトラブルやいじめの多くは、「偶然《ぐうぜん》集まった集団なのに、みんな仲よくさせようとするから起きるエラー」だと考えています。

公立中学だったら、たまたまそこに住んでるから、高校の場合は偏差値《へんさち》で分けられて集まった集団です。仲よくしろなんて言われても土台《どだい》無理です。「仲よくするのがよいことだ」と教わると、「仲よくできないのが悪いことだ」となってしまいますが、人と人なので合う合わないはぜったいにあります。「あの子のことが嫌《きら》い」「あの子、なんかイライラする」ということはあって当然です。

――そうなの？

はい。その子を見ると不快になる自分がいる。それはあって当然です。それはOK。だけど不快だからその子を傷つけていいというわけではけっしてありません。だから、本当は、その子を見て不快になる自分をその子から上手に遠ざけることが必要なのです。「おはよう」と「バイバイ」の挨拶《あいさつ》ができて、話しかけられても返事もしないで無視をするということがないくらいの関係でいられたらいいのです。

「なんとなくこの人とは合わない」「なんとなく苦手」というのは必ずあって、大人だってそうです。でも大人だと、たとえそういう人が職場にいたとしても、仕事は仕事、プライベートはプライベートと割り切ったり、ランチタイムには席を外したりできます。そもそも「みんな仲よく」という圧がそれほどないので、仕事以外のよけいな話は避《さ》けるとか、ある程度の距離をとることができます。

でも、学校の場合、同じクラスになったらほとんどの時間をずっといっしょに過ごさなければなりません。クラスは最低1年は変わらないし、そこから逃げられません。そこに「団結」とか「みんなで仲よく」という圧とともに押《お》しこめられる。しかたなく、話したくなくても無理やり話をしたり、近づいたりして苦しくなって葛藤《かっとう》して、それでトラブルになるという例はけっこうあります。

――でも、だれかのことを嫌いというのはあんまりよくないことだよね?

だれかを苦手だと思うことにたいして、「よくない」という思いこみは、大人のなかにもあります。だから、「私はその子が苦手なんです」と言うと、相手が悪いと決めつけたり、相手を非難しているのではなくても、大人から「そんなことを思ってはいけません」と言われてしまったりします。でも苦手なものは苦手なんです。素直な気持ちです。

苦手に感じる相手とある程度の距離をとって、自分のなかの不快なエネルギーレベルを下げていくことが、相手と自分を守ることになります。なのにその距離を無理に縮《ちぢ》めようとするから、不快なエネルギーの持って行き場がなくなって、最終的に爆発《ばくはつ》して、相手を突《つ》きとばしたり言葉で攻撃してしまうこともあります。周囲から見ればそこで突然《とつぜん》「いじめ」というかたちで認識されることにもなります。

最初は相手がなんとなく苦手で、自分と合わないし、自分がききたくないことを言ってきてつらくなってしまった。でも距離がとれなかった。本当はいっしょにいたくないけど、距離をとったら「避けられた」と言われそうでがまんして、ストレスがたまって、「もう無理！」となって相手に暴言を吐《は》いてしまったり、極端《きょくたん》な無視になってしまった、というような場合です。相手への不満がたまって、その不満をだれかに言ったら、「陰口《かげぐち》を言われた」と、トラブルに発展する場合もあります。苦手な子と無理にいっしょにいるのが苦しくて、学校から遠ざかってしまうと、不登校という問題になります。

必要なのは「みんなで仲よく」じゃない

子どもたちにとって必要なのは、「みんなで仲よく」ではなく、自分とだれかのあいだの心地よい境界線がどこにあるのか、少しずつ気づいていくプロセスだと思います。それは自分も大事にして相手も尊重することです。人と自分とではちがっていて、自分とだれかのあいだの境界線をしっかり守りたい子もいれば、ファジーでゆるくて、相手と混ざり合うことが心地よい子もいる。境界線が自分から離《はな》れた場所にある子もいれば、近い子もいる。みんなそれぞれ自分の境界線がバラバラです。それが30人、40人と同じ教室にポーンと入れられるわけですから、トラブルが起きて当然なんです。

そこに、「仲よくするのはよいことだ」、言い換えれば「だれかを苦手と思うのはよくないことだ」というメッセージが降りてくれば、おたがいに境界線を測り合って距離をとる、つまり自分を大事にする、相手を尊重するということがよくわからなくなってしまいます。

——距離をとることは、相手を否定することじゃなくて、自分を大事にして相手も尊重することなんだ。

そうです。自分も相手も大事にする、おたがいを尊重した関係です。トラブルやいじめという状態にまで発展してしまう前に、それぞれ「この子といると苦しい」とか「この子といるときの自分が好きになれない」とか「この子とはどういう距離でつきあうのがいいんだろう」とか、いろいろな小さな葛藤が必ずあるはずです。

それをそのまま口にしてしまっては、たとえ正直な気持ちでも相手への攻撃、あるいは

ほかの人との心地よい境界線が
どこにあるのかは、さまざま 相手にも よる
みんな仲よく まとまりのあるクラス
同じ教室に入れられて、
「仲良くするのはいいことだ」となると、
苦しい人もいるしトラブルが起きるのも当然

陰口、場合によってはいじめになってしまうでしょう。ですから、信頼できる人（大人）にたいして気持ちを表現し、「どうしたらよかったのかな」「なぜこんな気持ちが起きたんだろう」という対話を積み重ねていくことが大切です。そうすることで大きなトラブルが起きる前に、おたがいの距離のとり方とか、ほどよい関係性を見つけていけると思うのです。だれかとの関係で苦しくなったら、早めに相談する。それは自分自身を守ることにつながります。

ただし、これにはもちろん信頼できる大人が身近にいるという条件が必要です。

――そこが問題だね。

そのとおりです。大人の問題が大きいです。ありがちなのは、トラブルが起きたときに大人がはやく解決しよう、次にまた起きないようにしようというのを優先してしまい、「だれかとのあいだに葛藤が生じるのはよくないことだ」というまったく見当はずれな目線で、「おたがい悪気がなかったんだな。じゃあ、ここでおたがい謝って、明日からまた仲よくしような」となることです。ですが、それではなにも変わりません。

苦手だ、苦しいなという気持ちをまず大事にすることです。人は、苦手なものに近づけば近づくほど苦しくなります。だれかと会ったときに「どうしても好きになれない」という持ちになったら、まずその気持ち（反応）を大事にしてほしいのです。

――「苦手だ」という気持ちを大事にするの？　「苦手だ」と思わないようにするんじゃなくて？

そうです。そこからはじめないと、だれかと心地よい関係を築くのはむずかしいからです。みんなが仲よくするのがいいことだ、という「仲よし神話」は害しかないと思います。「だれかが苦手」という気持ち以外にも、今感じていることを大事にする機会というのを、子どもたちは奪われつづけていると思います。

気持ちや感情は外からの刺激にたいする身体の自然な反応

気持ちや感情というのは、外からの刺激《しげき》にたいする身体の自然な反応です。もちろん人それぞれその出方はちがいますが、たとえば自分の尊厳が傷つけられたり不当な扱いを受けたときに、頭がカーッと熱くなったら怒りという感情だし、大切なものが失われてしまったときに胸のあたりがしめつけられたり涙《なみだ》が出るのは、悲しみという反応。ハッピーな知らせをきいたときに気持ちがわき立つのは、喜びという反応です。気持ちとはじつは身体の反応なのです。

暑いと汗《あせ》をかくとか、寒いと身体がちぢこまるとか、突然の大きな音に心臓が跳《は》ね上がるのと同じくらい自然な反応なので、自分では止められません。コントロールできないのです。すごく暑くて湿度《しつど》の高い部屋にいて汗をダラダラかいているのを、「汗よ止まれ」といくら念じても止まらないのと同じです。緊張《きんちょう》すると脈がはやまったり、恐怖《きょうふ》を感じると心臓がドキッとなるのも同じで、身体の反応で止められないはずなのに、なぜか私たちは気持ちはコントロールできるものだという、まちがった信念を持ってしまっています。

コントロールできないのに、怒りという感情や、苦手だという意識や嫌悪感《けんおかん》を、「これはよくない感情だ。振り回されてはならない。コントロールしなければならない」と、ふたをすることが理性的なことだと教えられます。でも、自然な反応なのでぜったいになくなりません。見えないところに追いやっても押しこめているだけなので、何度も押しこんでいると溜《た》まってふくれあがっていきます。ふくれあがって、限界になるとあふれます。するとそれが、周囲からは「突然キレた」というふうに見えてしまう。

あふれた勢いで、行動が気持ちに引っ張られて、相手を傷つけることを言ったりやったりしてしまうこともあります。その部分だけ切り取ると「いじめ」になったりすることもあるわけです。「突然悪口を言ってきた」「突然暴力を振るってきた」となってしまう。

感情はぜったいになくならないので、感情を押しこめるというのは、すごく危険なことです。感情には「快」「不快」はありますが、「よい」「悪い」はありません。怒り、悲しみ、不安、恐れは不快な感情ではあるけれど、悪い感情ではないのです。怒りは自分の尊厳が傷つけられたり、不当な扱いをされたときに感じるものなので、自尊心《じそんしん》を守る感情です。不安は、これからどうなるかわからないことにたいする感情なので、不安があるからこそ地震《じしん》に備えたり、いろいろな危機に備えることができます。恐れという感情があるからこそ、危機のときに自分の身を守ったり逃げたりすることができるので、それぞれ本当に大事なものです。

「快」「不快」の問題なのに、「よい」「悪い」というジャッジをして、よくない感情はコントロールしなければならない、なくさなければならない、と自分のなかの大事な反応を軽んじて抑圧《よくあつ》してしまって、どんどんふくれあがって弾《はじ》けてしまう、ということが子どもたちのなかでしばしば起こっていると思います。

――だとしても、人に暴言を言ったり暴力を振《ふ》るうのはよくないよね。

もちろんです。「いじめをするほうが悪い」ということはまちがいありません。

ここで、いじめが起きたあとの対応のしかたについてもお話しします。いじめが起きたときには、被害者の救済が最優先です。まず必要なのは、いじめの被害を受けている子の救済とケアです。具体的には、その子が安全だと感じられる環境《かんきょう》を整備すること。つまりその子が恐怖を抱《いだ》く対象と遠ざけることがなにより大事です。

そのときに、いま日本の多くの学校で行われているのが、被害にあった子を別室登校させるということです。もし、被害にあった子自身が、「教室が苦しいから自分は別の部屋にいたほうがいい」ということであれば、そういった対応が必要です。でも、そうでなければ、まずは加害した子を集団から遠ざけて、被害にあった子の学ぶ権利、学校に行く権利、教室のなかで過ごす権利を損なわないことが重要だと思います。

「どうして被害者が別室に行かなければならないのか、加害した生徒を登校させないでほしい」と被害者側が訴《うった》えても、「学校はすべての子どもたちの学ぶ権利を守らなければならないので、加害者の権利も守る必要がある」といって取り合わない学校は、少し前までは一般的でした。さまざまないじめの事件が報道されたことでそういった学校の姿勢が問題視されてくると、学校も変わってきました。加害した児童・生徒の登校を一時的にストップさせたり、別室に登校させたりという対応が、少しずつですが増えてきています。これは大切な変化です。

被害者のケアにおいては、まず被害者にとって場の安全が守られることが必要です。そして被害者がどこで過ごしたいかが優先されます。教室で過ごしたい場合は、被害者が教室で安心して過ごせるようさまざまな調整を行います。教室はぜったいにイヤだという状態だったら、別の教室やホームスクーリングなどが提案できます。被害者にとっての「ここなら安全を感じられる」をベースにして、被害者を守ります。

それが実現したあとに、なにが起きたのかという事実の究明をていねいに進めていく必要があります。被害を受けた子は、きちんと安全が守られて安心できないと、つらい過去を思い出して、そのときなにがあったのかを話すことがむずかしいからです。被害を受けた直後の、からだのなかにいろいろな恐怖がまだ生々しく残っているときは、気持ちが不安定で記憶《きおく》もあやふやなので、時間が必要です。

——被害について話せるようになるのに、時間がかかるの？

はい。苦しい体験というのは、言葉を奪ってしまいます。安全が守られておらず、怖さのなかにいる子にたいして、「いったいなにが起きたの？」ときいたとしても、思い出せなかったり言葉にできないことがあります。1年か2年経って、「じつはこういうことがあった」と、やっと語れるようになる被害者もいるのです。

それとともに、いじめをなくしていこうとするなら、いじめてしまった子の話をていねいにきく必要もあります。いじめは、明らかな強い・弱いという関係性のもとで長期的につづくものだけではありません。子どもたちどうしの変化する、複雑な関係のなかで起きるものもあります。最終的に加害してしまうまでのあいだに、子どもたちどうしのいろいろな葛藤があるので、時間をさかのぼってなにが起きたかをていねいにきき、事実を描写していかないと、再発の防止にはなりません。悪いことをした人がされたほうに「ごめんなさい」と謝って終わりになるという問題では、けっしてないのです。

「いじめをする側の子がなんらかの問題を抱《かか》えている」というのは、教育現場である程度共有されてきていますが、その問題の中身はなにか、いじめる子の心の中でいったいなにが起きてきたのかは、あまり深掘りされていません。いじめる子の話をきこうとすると、「被害者を軽んじるのか」という批判も受けます。ですが、いじめてしまう子どもたちの心のなかに、生活に、いったいなにが起きてきたのかを大人がしっかりきく必要があります。加害する子がいじめに至ってしまった過程に、いじめを防げる要素がなかったのか。加害した子からもていねいにきく。これにも時間が必要です。

被害者の安全を守ることと、原因究明、そして解決と再発防止は、それぞれ切り離したほうがよいと思える場面が多々あります。それをいっしょにしようとすると、被害者がよ

いじめは、加害者が被害者に謝って終わりという問題ではない

り傷つくことにもなりえます。たとえば、被害者のケアが十分でない状態で原因究明をすると、つらいことを思いだしてさらにつらくなったり、「なぜいじめられたのか？」という問いかけが「被害者にも悪いところがあったのでは？」というメッセージになって、被害者が傷ついてしまうことも起こっています。

すみやかに被害者のケアを行いつつ、事実の確認にはある程度の時間が必要だと私は思っています。でも、事実確認や原因究明に時間をかけると、今度は「隠蔽《いんぺい》しようとしているのではないか」という批判が寄せられてしまう場合もあります。学校の先生は何年かで別の学校に異動《いどう》になるので、その前にある程度の結論を出して報告をしなければならない、ということもあります。このような事情もあり、事実確認というプロセスがすごく軽んじられてしまっていると思います。どうしていじめが起きてしまったのか、という検証が不十分なまま「謝罪」をしたり、報告をまとめて終わりになるので、どうしたら防げたのか、なにが起きたのかが十分に明らかにならないまま幕が引かれてしまうことがあるのです。

――いじめの事実を確認することが、いじめをなくすことにつながるの？

そう思っています。再発防止というのは、加害者の子どもに「ダメなこと」を教えたり「もうしません」と約束《やくそく》させることではなく、大人が子どもたちときちんと話をし、決めつけずに耳を傾《かたむ》けて、悩《なや》みがあればきちんと寄《よ》り添《そ》い、「どうすればよかったか」をいっしょに探していくことです。いじめをした子にたいして、「くり返さないようにアンガーマネジメント（怒りの感情をコントロールする方法）を学んで」とか、「カウンセリングを受けて」と言ってすむことではありません。それも大事かもしれないですが、その前に、大人がしっかり話をきくことが必要です。そのためには、その子が言葉を発する、その歩みに歩調を合わせてききつづける時間と人を確保していくことが必要です。

それと同時に、大人がつくりだしている、教室というせまい閉鎖的《へいさてき》な空間のなかで、だれかを苦手だと思う気持ちを押さえこませようとしたり、団結させることを急いだり、仲よくさせようとしたりするシステムを変えていくことが欠かせないと思います。

いじめの当事者（加害者、被害者）以外についてもお話しします。いじめが起こりやすい環境をつくっているのは大人です。いじめの再発防止のために必要な措置《そち》をとらない、とっていないのも大人の側の問題です。それなのにいじめ予防の授業では、「傍観者《ぼうかんしゃ》は加害者と同じ」「傍観はしません。見て見ぬふりをしてはいけません」と教えることもあります。

でも、いじめを見て苦しくなって見て見ぬふりをしてしまうことは、だれにでもありえます。「自分がいじめられる側にまわったらどうしよう」と怖くなり、自分を守るためにいじめる側に歩調を合わせてしまうこともあります。閉鎖された教室という空間のなかでいじめがあったら、とにかく自分を守ることに必死になるのは当然です。

それだけでなく、いじめを目撃するだけで、怖くて身体が動かなくなってしまうこともあります。だれかがだれかをいじめている、あるいはイジっているとか、陰口を言っているところに居合わせてしまっても、心にダメージを受けます。直接のいじめの被害者ではないけれど、いじめを見ていることで自分がいじめられたように感じてしまい、その場にいるのが苦しくてしょうがない。「私は傍観しているんじゃないか」「私もいじめに加担しているのではないか」と罪悪感でいっぱいになって、さらに苦しくなってしまうこともあります。なかにはそれで学校に行けなくなってしまう場合もあるのです。

――わかる。ほかの子がいじめられてると、学校に行くのも気が重くなる。それにしても、いじめる子はなんでいじめるんだろう？

ぜったいにいじめをしない人というのは、この世に存在しないと思っています。私は子どものころにいじめられていましたが、私もぜったいにだれかをいじめているはずです。集団のなかでだれかが無視されて苦しんでいたり、陰口を言われていたりしたときに、私はそれを見過ごしたことがあります。私がポロッと、「あの子、なんか好きじゃないんだよね」と言ってしまったことが、言われた側にとってはいじめになったかもしれません。

だからいじめについては、「見て見ぬふりをしてはいけません。勇気を出しましょう！」ではなく、「私もだれかをいじめてしまう可能性がある」というところからはじめないと、なくしていけないと思っています。

——自分がいじめる側になるとは思ってなかった。

そうかもしれませんね。差別についても、「だれでも差別をしてしまう」、あるいは「差別をしない人はいない」という考え方が必要だという認識が広がっています。「ぜったいに私はだれも差別しません」と考えることはすごく危険なことで、むしろ「私はだれかを差別してしまうかもしれない」というところから出発して、そう想像するところから「どう防ぐか」がイメージでき、行動を変えることができます。「自分とは無関係だ」と思っていたのでは、想像することも行動を変えることもできません。

被害を受けた子どもと親の間にもむずかしい問題があります。子どもがいじめの被害者になると、親も当事者になってしまいます。子どもが被害にあうことで親の心も大きくゆらぎ、学校とのやりとりや子どものケアによって親の生活も大きな影響を受けることになるからです。でも、被害を受けた側の親と子どもの願いはかならずしも一致するわけではありません。被害を受けた子どもは今もまだ傷ついていて、記憶も混乱し、話せるようになるまで時間もかかる。少し時間がほしいと思っているけれど、親も動揺しているので、親からすれば「早く謝罪がほしい」「早く事実究明してほしい」と願います。

いじめが起きたことで学校への不信感も生まれていますから、時間がかかると「時間をかけているふりをして、じつは隠蔽しているんじゃないか」というふうに感じてしまうこともあります（残念ながら、じっさいに「隠蔽」となっているケースが多々あることも、ニュース報道などでよく知られています。ていねいさと同時に、情報の透明性《とうめいせい》も大切です）。

この時点で、子どもが必要としていることと親が求めることのあいだにずれが生じている可能性があります。その結果、被害を受けた子が親にもなにも言えなくなって苦しくなってしまう、ということもあります。

私も1人の子どもの親ですが、自分の子どもだと、「これからどうなるんだろう」という心配だったり、親である自分の期待や願いというフィルターが入ってしまうので、自分の子どもの声ほどきくことがむずかしかったりします。ほかの子どもたちの話はきけるのに、どうして自分の子どもの話をきくとこんなに気持ちがゆらぐんだろうと、今でも戸惑《とまど》うことがあるくらいです。ですから大人の心配や願いから離れて、子どもの願いだけをちゃんときく人という存在が必要だと感じています。

――鴻巣さんは子どもの話をきくプロなのに、自分の子どもの話をきくのはむずかしいんだったら、そうじゃない親が子どもの話をきけないのもしかたないね。

そうかもしれません。ですが大人は「しかたないね」とあきらめてはいけないし、子どもたちだって「しかたないね」と受け入れなくていいんです。むずかしいなら、むずかしいからこそ、大人も私たちのような「話をきく専門家」を頼って、そこから学んでいってほしいのです。スクールソーシャルワーカーやスクールカウンセラーが、子どもの話をしっかりきく、子どもの権利を守る存在として、もっと知られてほしいと願っています。

たとえば子どもの話をちゃんときく人、家族の話をしっかりきく人、両者の間に葛藤があるときに調整していく人、学校との対話のあいだに入る人など、いじめという1つの事例だけでも、いろいろな人が役割を分担しながらかかわることが必要だと思います。

学校でなにかトラブルが起きても、学校の先生たちはトラブルに関係していないその他の子どもたちの毎日を支えなければなりません。でも先生たちも、トラブルによって悩んだり傷ついたり葛藤したりします。先生も当事者になっているのです。当事者が問題に対処するというのはとてもむずかしく、そして先生は恐ろしく多忙です。そういうときにスクールソーシャルワーカーやカウンセラーという専門職が学校のなかに入り問題解決に当たるという仕組みは、もっと定着してほしいと思います。

学校でトラブルが起きたときにその対応と解決を全部担うくらいの福祉《ふくし》、医療、心理、法律その他専門職の機関があって、いじめや不登校などいろいろな問題にたいしては先生以外の専門職が引き受ける、そういった外部チームが必要だと考えます。そのほうが子どもたちも声を出しやすいのではないでしょうか。自分のクラスでいじめが起きているけれど、このクラスをまとめよう、問題が起きないように取り仕切ろうとしている先生にたいしてその相談ができるかというと、じつは簡単ではないからです。

いじめの被害にあっていたり、以前いじめられた経験がある子たちに話をきくと、いじめられた苦しさに加えて、その苦しみをちゃんと受けとめてもらえなかったというつらさが上乗せされて、より苦しくなったという人が多いです。

いじめられた。訴えた。でも、「あなたにも原因があったんじゃないの」と言われた。

被害を受けた自分が学校に行けなくなったのにいじめた子は学校に行きつづけているから「おかしい」と言ったら、「だれにでも学ぶ権利はあるから排除できない」と言われた。など、いじめの苦しみだけじゃなくて、まわりの大人がちゃんと気持ちを受けとめないという二重の苦しみで、ますます学校に行けなくなる子が多く存在します。

さらに、いじめを訴えた子がなかなか学校に行けないとなると、いつのまにかまわりの大人たちのなかに、「加害者は謝ったじゃないか」「ここまでしてあげてるのに、どうして学校に来ないんだ」「なんでまだいろいろ訴えてくるんだ」など、被害者にたいする否定的な気持ちが生じてしまうことがあります。

――どうして?

じつはいじめに限らず、苦しい体験をすると、そのなかで生じるいろんな色眼鏡によって、「困ってる人」は「困った人」になりやすいというのも事実なんです。

「はじめに」でお話ししたように、暴力や暴言を受けたり、排除されたりして傷つくと、自分のなかにいろんな色眼鏡ができてしまいます。他人が、つまり世の中が信用できなくなるし、「自分なんて価値がない」と信じるようになってしまいます。すると、上手に自

「困ってる人」は「困った人」になりやすい

分のことが説明できなくなったり、自分を傷つけるような行動に出てしまったり、だれかを振り回すようなことを言ってしまったり、気持ちや行動が不安定になったりしてしまいます。

まわりから見ると、「不安定な状態」に見えてしまうので、「困った子だな」と思われてしまいます。そうなると、被害者が和を乱す人、トラブルメーカーとみなされてしまうのです。たとえばいじめの被害者、体罰の被害者、あるいは虐待《ぎゃくたい》の被害者なのに、「その子にも問題があるのではないか」「あんなに不安定な子だから」「あんな行動をする子だから」「いじめられてもしかたない」「体罰を受けてもしょうがない」「親が虐待してしまうのはその子が育てにくいからだ」と、いつのまにかその子の問題にすりかえられてしまうのです。

ほんとはケアが必要なのに、ケアではなくてよりきびしい指導、よりきびしい管理が必要だとされる、という逆転が起きてしまうことが往々にしてあります。こんなに苦しいのに「やっぱりお前が悪いじゃないか」と言われれば、「やっぱり私が悪いんだ」「やっぱりだれも私を助けてくれない」という、色眼鏡がどんどん濃くなって、ますます生きづらくなってしまいます。

3 男女の決めつけが苦しい

ＫＡＫＥＣＯＭＩのこども食堂や相談室を訪れる子どもたちや保護者さんたちからは、しばしば先生からのセクシャル・ハラスメントの相談を受けます。プライベートゾーン（生殖器《せいしょくき》や胸など、一般的に水着で隠《かく》れる部分と口とされています）をさわるわけではないけど、不必要な密着だったり、セクハラと言えるかどうか微妙だけどとても気持ち悪い、というのが多数です。授業中に卑猥《ひわい》な冗談《じょうだん》を言われた、ということもあります。

子どもと大人、生徒と先生という、パワーバランスが圧倒的に大人に偏《かたよ》っているのが学校です。ですから、学校はセクハラをふくめたハラスメントが起きやすい環境です。

一方で、性にかんする教育は非常に不十分です。

中学校での性教育について、文部科学省が定めた学習指導要領では、成長にともない身体がどのように性的に成熟していくのか、女性に月経《げっけい》があることや男性の射精《しゃせい》のこととともに、「妊娠《にんしん》や出産が可能となるような成熟がはじまるという観点から、受精・妊娠を取り扱うもの」として、受精卵が胎児《たいじ》となって赤ちゃんとして誕生するまでの妊娠の過程について教えます。ただし、「妊娠の経過は取り扱わないものとする」とされていて、性交については教えないことになっています。

でも、人工授精などの不妊治療以外では、性交をすることによって妊娠します（妊娠するかどうかは排卵《はいらん》のタイミングや精子の状態などによりますが、性交をすると妊娠する可能性があります）。中学生は年齢的に、「妊娠や出産が可能となるような成熟がはじまる」としているのに、妊娠の可能性がある性交については教えない性教育は、重要なことが含まれていません。「子どもは性に関心を持つべきではない」という姿勢で、教えると子どもたちが性交など性行為に関心を持ってしまうので教えない、という方針なのです。

とはいえ、いまはネットでもSNSでも、その他さまざまなコンテンツでも、性にかんする情報はいたるところにあふれています。子どもたちは大人が統制する以外のところから情報を得て関心を持っているのに、大人はそこから目をそらしつづけているのです。

――でも、学校でそういうことを習うのってはずかしい気がする。

そうですね。でも性にかんする教育は、望まない妊娠を防ぐために、そして性被害にあわないために、また加害者にならないためにどうしても必要なことです。ここでも大切なのは人権にもとづいた性教育です。

性行為によって女性は妊娠する可能性があります。女性が妊娠した場合、もちろん相手の男性にもその結果生じるあらゆることがらにたいしての責任が生じます。そして性別を問わず、性感染症《せいかんせんしょう》にかかるリスクもあります。また、そもそも他者と肉体を接触《せっしょく》させる行為は、身体や心のコンディションによってはとても不快で、ときに苦痛をともなうことでもあります。そのため、性行為においては、ＹＥＳよりもＮＯの意思が優先される必要があります。片方がＹＥＳでも、もう片方がＮＯなら、ＮＯの意思が尊重されなければなりません。

でも、ここまでにお話ししたように、学校には子どもたちが「イヤだ」と言うのをよしとしない傾向《けいこう》があります。日常の中でＮＯと言う力や機会が制限されたままでは、性行為についてもＮＯと表明することはむずかしいでしょう。ですから性教育はただ身体の変化や妊娠・出産についての知識や情報を伝えるだけでなく、意思が（とくにＮＯという意思が）表明でき、きかれる大切さと方法を伝える人権教育とセットであることが必要なのです。

――「NO」ってそんなに大事なことだったんだ。

はい。自分を守るために欠かせません。

私が住んでいるあたりの中学校や高校では、夏休みなどの長期休暇《きゅうか》の前になると、「夏休みの過ごし方」のような冊子《さっし》が配られます。そこにはたいてい「トラブルにあわないために、露出《ろしゅつ》の多い華美《かび》な服装は避けましょう」などと書かれています。「トラブル」という書き方ですが、「露出」とか「華美」という言葉で、女の子が被害にあう性犯罪をほのめかしています。

しかも、「そういう格好をしているからトラブルにあう」つまり「トラブルは女の子が自分の服装で招《まね》くものだ」「被害にあうのはその子のせいだ」というメッセージを与《あた》える書き方で、これは非常に有害です。性被害にあうのは加害者のせいです。服装は関係ありません。

女の子が性被害にあうのは加害者のせい 服装は関係ない

長期休暇に限らず、性被害は起きています。中学生や高校生、とくに女子学生を性的な対象としてとらえ、加害してくる男性が現実にたくさんいるのです。そのことを学校も認識しているからこのようなことを書くのでしょうが、学校では子どもたちが自分を守るために必要な性教育をしていません。そして性被害については服装や態度のせいだとほのめかす。子どもたちを守る気がないとしか思えません。

現実には、学校で男の子たちが性的な話をあけっぴろげにしたり、人を不快にさせたり傷つけたりするような性的な話をしたり、女の子に性的ないやがらせをしたりということがクラスで横行している、という相談がたくさん寄せられています（「はじめに」でもお話ししたように、男の子が被害にあったり、セクシャル・マイノリティの場合などさまざまなケースがありますが、ここでは加害・被害の相談件数が多い実態にもとづいて男の子・女の子という言葉を多用しています）。

とくに女の子は、男の子が女の子の身体について勝手に評価し、感想を言い、ランクづけしたりするなどのジャッジにさらされることが日常的に多くあり傷ついています。人の身体について勝手に判定したりすることはとても失礼なことであり、侮辱《ぶじょく》であり、非常に加害的な行為です。それなのに、「それは加害的な行為だよ」と教える大人があまりにも少ないというのが現状です。そうした状況自体が、ジャッジされる側にとって加害的です。

——状況が加害的ってどういうこと？

身体つきをジャッジするということは、男性は女性の身体を性的なモノとして評価したり、使ったりしていいという社会の空気を反映したものです。直接自分が言われなくても、女の子は当然傷つきます。それによって学校にいづらくなる子もいます

男の子のなかにも、男子のノリが苦しい子もいる

でも、そういう男の子たちの性的な加害性は、「年ごろの男の子だからそのくらいは」と見逃《みのが》されたり、「女の子に関心あるくらいが健全だ」なんて言われたりもしています。女の子は性的に自分がジャッジされたり、からかわれたり、直接的でなくても女の子の身体を消費する（自分の楽しさや気持ちよさのために利用する）男の子たちがいる現実が苦しい、つらい、男の子は怖い、男の子は嫌《きら》いだとなってしまう。それを大人に相談しても、「この時期の女の子あるあるだからね」と言われて、話をきこうとされません。

男の子のなかにも、男の子たちが女の子の身体をからかったり、性的な表現があるアニメやマンガをこれ見よがしに見たりするようなノリが苦しいという子や、グループのなかで自分も性的にからかわれたり容姿《ようし》や体形をイジられたりしてつらい、という子もいます。苦しいけれど、それが男らしさでこのノリが仲間意識（「ホモソーシャル」と言います）なんだという空気もあって、そこに乗れない自分に劣等感《れっとうかん》を持ってしまう子もいれば、そこに乗るのもイヤだからと抵抗《ていこう》する意味で距離をおく男の子もいます。

そういう男の子たちも増えていますが、まだまだ学校で多数派なのはホモソーシャルな子たちなので、そこから離脱しようとすると、自然と学校のなかで外《はず》れ者になり、やがて

学校そのものが苦しくなる場合もあります。「男の子は元気で、ちょっぴりエロくてやんちゃなのがいいんだ」という価値観の先生もいるなかで、ホモソーシャルが苦しい男の子の悩みにはなかなか向き合ってもらえません。

――大人って、そういう話題避けてるよね。

今の大人も必要な性教育を受けていないので、ちゃんと話ができないのだと思います。だから「思春期だから」ということでごまかしているのでしょう。

たとえば、「性的同意」という言葉があります。性的なことはたとえどんな小さなことでも、相手の同意がないと相手を傷つけてしまう可能性があるので、性的なことで加害したり被害にあったりしないためには合意が必要だ、という意味で使われます。日本では日常のなかで使われるようになって10年くらいしか経っていません。

そのため私が「性的同意」という言葉をきいたのは、30代になってからでした。その言葉を知って、明確な同意がないのにスキンシップや性的な行為をされることは、「加害だ」と言っていいんだということが理解できました。そして私自身もさまざまな被害にあっていたことを、ずいぶんあとになって知りました。

大人も必要な性教育を受けていないので ちゃんと話ができない

だから私も、子どもの性のモヤモヤや苦しさについてきちんと教えられる自信がありません。知らない期間が長すぎたからです。でも、教えることはむずかしいけれど、子どもの話をきくことはできます。「怖いんです」「苦しいんです」「イヤなんです」というふうに言ってくれる子どもたちの話を「そうされて苦しいんだね」「そうされるとイヤなんだね」とちゃんときく。反射的に、「そんなことで」「それは思春期あるあるだから」「年ごろの男の子ってそうだよね」「いまは女の子のほうがしっかりしているから、ちょっと広い心で受け止めてあげて」というふうに言うのではなく、子どもの声をちゃんときけばいいと思っています。それはすべての子どもにかかわる人、親も、教師も、それ以外の福祉や教育で子どもたちとかかわる人たちが、まずしなきゃいけないことだと思います。

今、世の中のいろいろな情報が性的なことがらをふくんでいます。その多くが、女の子（とくに若い、あるいは幼い女の子）が性的に消費されるようなものになっていることは深刻です。女の子からも男の子からも、「イヤだ」「苦しい」と相談に上がるのが、性的な広告の多さです。インターネットでゲームの攻略法や音楽について、あるいは好きな歌手について、マンガの発売日はいつかなとか、あのアニメはいつから放送開始かなという、ただ知りたい情報を調べるだけで、性的な広告が出てきて目にしてしまいます。そのうちの少なくないものが女の子を対象にした暴力的な描写で、これは本当に深刻な加害です。どうして放置されているんだろうと疑問に思います。

――ほんとそうだよね。

はい。そういう情報にさらされつづけることで、じわじわと、「女の子はああいう扱いをされるものだ」ということが刷りこまれていきます。子どもにとっては世界への信頼がゆらぐくらいのインパクトのはずです。子どもを守らないどころか、性的に虐《しいた》げて苦しめて、しかもそれをよろこぶ大人がいる。ウェブの広告になるくらいだから、世の中にはそんな大人がたくさんいるにちがいない。そう受け取った子どもが強い恐れを感じるのは自然なことです。そういう社会を変えていくためにも、学校で人権にもとづいた性教育をしていくことが必要なのです。

ここまでは男の子・女の子という枠組みでしか話をしてこなかったのですが、男の子や女の子という性別にしっくりこないという子や、身体の性とアイデンティティとしての性がちがうと感じている子どもたち、異性が好きになれないという子も増えています。増えているというより、性の多様性についての認識が社会に広まってきたことで、これまでは自分だけがほかの人とちがっているんじゃないか、おかしいんじゃないかと悩んでいた人たちが、自分はLGBTQと呼ばれているようだという情報を得て、やっと「自分は1人じゃないんだ」と思えるようになってきたということではないでしょうか。

ただ、残念ながら学校は、そういった子たちにとってとてもいづらい場所でありつづけています。学校では「男の子は女の子が好き」「女の子は男の子が好き」ということが前提になっていることが多いですし、基本的にあらゆることが男の子・女の子の枠で分かれています。制服、トイレ、体育の授業も男女で分けています。名簿《めいぼ》も男女で分かれているところがまだまだあります。

制服は、希望すれば選べるところが増えてきました。すべての子どもたちが好きなものを選べばいいですよ、という前提で選べるなら問題ありません。けれどもいまのところ、「原則として男の子はスラックス、女の子はスカートで、それをはきたくなければ、別のものを選んでください」というところが多数です。つまり基本や標準から外れている人にかぎって配慮しましょう、ということです。だから、女の子がスラックスを選んだ段階で、「私は基本的な女の子が選ぶべきものを拒絶《きょぜつ》したい人です」と公言しているようなものです。

みんなが自由に選べることを前提としている学校も少しずつ増えてきていて、男女共用のブレザーにしたところもあります。そもそも、だれであってもなにを着るか自分で選べるのが当たり前です。この流れが加速してほしいと願っています。

制服については、べつの深刻な問題もあります。女の子の制服が性的なものと結びつけられていることです。痴漢にはじまり、制服ほど女の子が性被害にあいやすい服装はありません。制服を着ているというのは、女子学生であるということをまわりに宣伝しているようなものなので、被害にあいやすいのです。ここには「女子学生」にたいして無力で無垢《むく》でコントロール可能であるというゆがんだイメージを持つ大人（とくに男性）が一定数いることが影響しています。

そんなに危険なものを着せつづけているのに、夏休みになると「露出の多い華美な服装はトラブルを招きます」って、あまりに矛盾《むじゅん》していないでしょうか。そういった理不尽で合理的でない、性にかんした矛盾したメッセージを子どもたちは浴びつづけています。

女性の身体を持っていることで傷つく体験の積み重ねがあって、「これから先もこの身体を持っていかなきゃいけないのかな」「どうやってこの身体と折り合いをつけていこう」と悩む子がいます。男の子だからということで、有害な男性性のコミュニケーションに巻きこまれ、自分自身の身体が日に日に大きくなり声が太く低くなっていくと、「どんどん自分が暴力的になっていくような気がする」「自分の身体が怖くなってしまう」「この身

女の子の制服が性的なものと
結びつけられているのも深刻な問題

体とこれからどうつきあっていけばいいんだろう」と悩む子もいます。

――そういうのは、まさに思春期の悩みだよね。

私は「思春期だから」ですませてよい変化ではないと考えます。成長していく自分の身体にたいして苦しさを感じるというのは、めずらしい反応ではありません。ですがそれは自然に起こることばかりではありません。生まれたときの性別と「自分は女の子／男の子」という性自認が異なり、違和や苦しさを感じる子たちもいます。

一方で、成長していく身体を否定したくなってしまうメッセージや情報があふれていることによって、自分の身体が苦しくて拒絶したくなってしまう子もいます。それはむしろ、社会的・人為的《じんいてき》な苦しみと言えると思います。いずれの場合も、苦しさの根っこにあるのは「女の子は女の子らしく」「男の子は男の子らしく」という世の中の規範《きはん》です。

「子どもは性に関心を持つべきではない。関心を持つはずがない」という前提での性教育の一方、氾濫《はんらん》する（暴力的な表現をふくんだ）性にかんする情報に簡単にアクセスできる状況が放置され、その情報に影響されたさまざまな加害的な言動が「年ごろ」を理由に見過ごされています。さらに、現実に痴漢などの性暴力にさらされています。完全に矛盾した状況に置かれているので、子どもたちが苦しいのは当然です。

――なんでこんなに「苦しさのもと」が多いのかな？

学校が苦しい場所になっているのは、学校を超えたもっと大きな枠組みがあるからだと思います。長い時間をかけてつくられてきた社会全体のあり方と学校のあり方はリンクしていて切り離せません。

「校則」のところで紹介した、頭髪の校則によって不登校になった女性は、大阪府に賠《ばい》償《しょう》を求める裁判をおこしましたが、裁判所は「頭髪指導は違法とは言えない」と判断してしまいました。社会がまだ、こういうことが指導だと考えているということです。

ただ、以前に比べて、学校内にある理不尽なことを変えていこうと思っている先生は増えています。先生以外にも、子どもたちのしんどさ、苦しさをなんとかしたいと考えている大人もいます。もしあなたのまわりにそういった大人がいれば、その力を借りてあなたを傷つけるものから自分自身を守ることができるかもしれません。そういった大人がいないときは、せめて「私が苦しいのには（環境に）理由がある」と、自分に説明してあげてほしいと思います。

精神科医で子どものこころ専門医の 井上祐紀さんにききました

井上祐紀《ゆうき》さん
1998年岐阜大学医学部卒業。国立精神・神経医療センターでの研究員を経て、日本心身障害児協会島田療育センターはちおうじ（2011年〜）、十愛病院（2014年〜）、青い鳥横浜市南部地域療育センター（2015年〜）、東京慈恵医科大学病院（2019年〜）で精神科医として子どもを診《み》てきました。2021年から福島県立矢吹病院（現在は福島県立ふくしま医療センター心の杜）で副院長として、子どもと大人の精神医療にとりくんでいます。
『10代から身につけたい ギリギリな自分を助ける方法』［2020年 KADOKAWA］、『学校では教えてくれない自分を休ませる方法』［2021年 KADOKAWA］などの著作もあります。

鴻巣 まず、井上さんが受けもっている「思春期外来」とはどんなところなのか、ということからお話をうかがいたいと思います。

井上 思春期外来というのは、子ども向けの精神科外来のことです。だいたい高校生くらいまでが対象です。思春期クリニックともいいます。子どもが身体の痛みを感じれば小児科へ、心の痛みがあれば子どもの精神科へ、ということになります。当然ながら患者《かんじゃ》さんたちは未成年なので、基本的に最初は保護者と一緒に受診します。そこで最初になにをするのかというと、いちばん大切なことは、「今、子どもになにが起きているのか全体像が見えるように一緒に考えること」です。

思春期外来を受診するきっかけとなったその困った状況について、本人にとっても、親にとっても、もしかしたら学校にとっても、情報はしばしば散乱していてまとまっていません。直接の利害関係《りがいかんけい》にない医療《いりょう》関係者（＝精神科医）が横からその状態を整理して、みんなが全体像を俯瞰《ふかん》できるようなお手伝いをするということです。心と身体になにが起きていて、引き金になった環境的な要因と自分のなかにあるものとの間でどんな相互作用《そうごさよう》が起きて今のつらさが起きてしまったのか、全体像をちゃんと探索《たんさく》しよう、ということです。

それは1回の診察ですべてがわかるというより、何回も話をきくなかで、「もしかしてこうかも？」というところがやっと見えてきます。私の場合は、最初親子で一緒にざっとした概略《がいりゃく》をふりかえることは行いますが、そのあとは自分で話せる場合は、基本的にその子と1対1で診察をしています。精神科の医師には守秘義務《しゅひぎむ》があって、診療できいたことは原則としてほかのだれにも言いません。秘密が守られた状況で自分の感じたことを話してもらいます。

どうしても、これは学校の先生など、ほかの大人にも伝えたほうがいいんじゃないか、というときには、あらかじめ本人に相談して許可をもらってから先生などと情報を共有します。つまり、なにをしゃべったとしても親にもバレません。子どもの話す内容から命の危険がありそうなときや、あからさまな違法行為、破壊的《はかいてき》な行為にかんすることでないかぎりは、だれかに伝えるということはありません。

そうした安全で秘密が守られる場所を確保しながら、自分になにが起きていたのか、環境でなにがおきていたのか、関連することはなにかを少しずつひもといていって、医学的な疾患《しっかん》（病気）がまじっているということがわかれば、カウンセリングなどの精神療法や、場合によっては薬物療法《やくぶつりょうほう》を行います。

疾患というよりは本人に合わない環境の問題、本人を苦しめている環境の問題がある場合は、積極的にまわりに改善を提言していきます。ただし、その場合も私が勝手に大事《おおごと》にするということはなくて、どこまで大事《おおごと》にしていくのか、学校とどのくらい連携《れんけい》していくのか、本人の気持ちをたしかめながら進めていきます。

鴻巣　身体にかんする医療とはちょっとちがって、精神科は医療と福祉を、ときに教育まで横断しながら子どもとかかわっていますね。薬だけだして終わり、というよりはその人の生活をささえるために、学校や家庭、ほかの機関とも連携しているんですね。

井上　子どもの健康問題を考えるという立場なので、子どもの健康を悪化させるような環境的な要因があればまわりの人に改善をお願いしたり、子どもの力をもっと発揮するためにさまざまな配慮が必要ならばそれを積極的に提案していきます。そもそも、その子が困っている状況はその子のなかの問題だけで起きていないので（じつは大人の精神科を受診する人の場合もそうなんですが）、子どもと主治医だけで完結する場合は非常に少ないです。

鴻巣　私の場合、どうしても自分を傷つけることが止まらなくなってしまったり、たくさん食べて吐《は》いてしまうとか、死にたくてたまらなくなってしまうなど、子どもの命を守らなければならない状況になっていると、医療機関につなぎます。いったんつらい環境からしっかり保護されることが必要だと判断したときも、医療機関につなぐこともあります。

また、どうしても気分が落ちこんでしまう、眠《ねむ》れない、学校にものすごい苦しさがあって学校に行けない、というようなとき、学校を休んで苦しい環境から逃《に》げたほうがその子の健康にいいのに、親も学校も休むことを認めてくれないというときも、医療機関につなぐことがあります。医師が「この子の健康のためには休むことが必要」と判断して、そういう診断書《しんだんしょ》を出せば、学校を休むことができるからです。大人の場合、働いてる人が医師から健康上の理由で出勤《しゅっきん》を止められる「傷病休暇《しょうびょうきゅうか》」をとるのとおなじです。大人には有給《ゆうきゅう》休暇《きゅうか》と傷病休暇があるのに、子どもにはどっちもありません。それもおかしなことだと思います。

思春期外来は保険医療です。自治体によって中学生まで、あるいは高校生までの医療費を助成しているところが多いので、費用はそれほどかかりません。ただ、今は受診を希望する人が多くて、半年待ちくらいになってしまっていますね。

井上　はい。この数年ほどで思春期外来を受診する子どもの数が急激に増えて、今は圧倒《あっとう》的《てき》にニーズに追いついていない状態になっています。

鴻巣　私は「思春期の問題」とされることは、その子のなかだけにあるのではなくて、外側にあることへの反応として起きていると思っていますが、よく「思春期はむずかしい時期」と言われます。

井上　人間が経験する精神疾患の約半分が14歳までに発症していることがわかっています。大人になってから病気と診断される場合も、14歳までに病気がはじまっている方《かた》が多いのです。それくらい10代は精神疾患がはじまりやすい時期であるということは言えます。

一方、「子どもが発達するなかで、中学生前後あたりを境《さかい》にだんだん心と身体が自立していくので、その過程で反抗《はんこう》的態度が出たり、さまざまな問題行動が出やすい」というようなことを「思春期心性《ししゅんきしんせい》」という言葉であらわして、子どもの側の要因ばかりを強調してきた張本人《ちょうほんにん》は、心理学や精神医学の専門家ではないかと思っています。

われわれ子どものこころの専門家と呼ばれる側が、児童期（ここでは小学生のことを児童と呼びます）から思春期にいたる過程はそもそも混乱しやすくて、自立の過程のなかで子どもがもがいているのだから、当然反抗的態度もあるし、親にたいして怒《いか》りと依存心《いぞんしん》の両方が見られるんだというようなこと、だから思春期の心はいろいろむずかしいんだ、ということばかりを強調してきたきらいがあると思うのです。

小中学校の不登校の児童生徒は増えつづけ、史上最悪のペースで進んでいます。また、小中高生の自殺者数も増加傾向にあり、２０２２年は過去最多を記録しました。子どものメンタルヘルスは悪化の一途をたどっています。これらのことがすべて子どもの思春期の心の特性だけで説明がつくでしょうか。

今の思春期の子どもたちは昔の思春期の子どもと、そもそも状況がちがっているのではないかと思っています。「発達障害《はったつしょうがい》」と言われる発達のちがいを抱《かか》えている子たちは、もはや少数派と言えないくらいに増えています。虐待《ぎゃくたい》の多さ、いじめの多さもあります。いじめの件数が増えたのはいじめがより広くしっかり認識されたことにもよりますが、いじめはこの10年で全国現象としてものすごい数になってきています。こうした状況で、昔から言われている「思春期の心ってこういうものだよね」ということをアップデートしていく必要があります。

つまり、少なくとも思春期がむずかしい時期だということには同意せざるをえませんが、この10年間でこんなにも子どものメンタルヘルスが悪化しつづけたことには、おおいに大人の責任があるのではないか。大人の責任は問うていくべきだと思っています。

鴻巣　10年前と今の子どもたちでは状況がちがうということですが、井上さんが日々いろんな子どもたちと会うなかで、この10年でいちばん大きく変わったのはどんなことですか。

井上　今のところ、子どものメンタルヘルスになにが大きく影響したのか、少なくとも客《きゃっ》観的《かんてき》事実として説明できる要因は導き出されていません。ただ、関連があるものは考えなければならないと思います。

私は2011年の東日本大震災《だいしんさい》の直後から東北地方で月に1回診療を行い、2021年からは、福島県に住んで福島県の病院で働いていますが、震災の影響は見過ごすわけにはいかないと思います。東北地方では震災前と後とでいじめ、暴力行為、不登校、虐待が全国平均の増え方よりも明らかに多いです。震災のために、子どもたちが非常に不安定な幼児期を送らざるをえなかったということも関係しているのかもしれません。

さらに2020年からは新型コロナウイルスの流行が起こりました。社会危機のダブルパンチは子どもたちのメンタルヘルスに大きな影響を与えたと言って言い過ぎではないと思います。

私が思うのは、震災やコロナ危機で非常に不安定ななかで生活しているのに、大人たちが、昔からの「子どもはこうあるべき」「こう教育されるべき」「こうやって生きていくべき」とされる考え方をまだ手放していないことが、子どもたちをますます追いつめているのではないだろうか、ということです。

たとえば、「子どもたちは〇〇を選ぶことができる」という考え方は、学校の先生や親たちのなかに浸透《しんとう》しているとは言えません。トイレに行きたいと思ったら行ける、水が飲みたいと思ったら飲める、「休みたい」と思ったら休むことができる、というように、子どもが自分の身体の感覚に正直に、「自分は今こうしたい」と思うことができる。こういう発想を大人たちが子どもたちに教えられていないまま、社会的危機がどかんどかんとくれば、子どもたちにとっての未来を自由に描きにくくなり、子どもたちは追いつめられていきます。

むしろ大人たちは大混乱だから、不安だから、よりいっそう「子どもはこうあらねばならない」とか、「子どもたちに失敗をさせてはならない」などと、管理的な信念を強めている可能性があり、それが子どもたちの自由を奪《うば》っているのではないでしょうか。

鴻巣　そう思います。学校のルール設定も、「子どもは選択できない」「決められない」「自分の願いを口にできない」というふうになっています。でも、当然ですが子どもは選べるし、決められるはずなので、どんどん苦しさが生じてしまいます。

私も東日本大震災後から東北で仕事をしてます。震災から10年あまり経って、当時小学校にあがる前くらいだった子たちは今大人の入り口にいます。子どもたちの被災の状況はそれぞれです。津波の被害にあった、原発事故で強制的に避難《ひなん》しなければならなかった、地震で家が倒壊《とうかい》したり、土砂崩れにあったという子たちもいます。親戚や知人が被災したり、津波の映像をテレビで見て非常にショックだったという子たちもいます。直接的に体験していなくても、震災のときの記憶はすごく刻《きざ》まれています。

そういう子どもたちの話をきくと、「大人って信用できないんだな」みたいなのが刻まれていると感じます。ものすごい災害に、大人もなにが起きているかわからなくて、すごく不安でゆらいで、子どもの声がきけなくなってしまった。そこで子どもたちのなかに芽《め》生《ば》えてしまった不信感というか不安は、今でも子どもたちの心のなかに残ってるのではないかと感じます。

もう1点は、大きな社会的危機に大人自体が向き合うことができずに、決めることを放《ほう》棄《き》したり、考えることを放棄したり、子どもを管理しようとしたりする、という影響が子どもたちに襲《おそ》いかかってくる、みたいなイメージをもっています。大災害や危機を前に大人は強い無力感を抱《いだ》きます。考えたり決めたりする力がないという無力感を、子どもを管理することで埋《う》めようとしているように感じます。そうして子どもたちの声がきけなくなりますし、子どもたちも話せなくなってしまう。

井上　そのとおりだと思います。震災を例にとると、自分がつらい目にあった、苦しかった、ということを話していいと思える子どもが今どれだけいるだろうかということです。

もしかすると深刻な状況を経験していればいるほど、「語ってはならない」という〝空気〟があり、「語ってもいいし、語らなくてもいい」という選択肢のない状態になっているのではないかと思います。

福島県では、「浜通り《はまどお》」とよばれる太平洋に面した地域で大きな津波の被害がありました。私が住んでいる「中通り《なかどお》」とよばれる内陸の地域には、浜通りから移住してきた子もたくさんいます。だけど、その子たちはめったに地震のことを口にしません。ただ、地震のあった3月11日が近づいてくると、さまざまな行動の問題が出たり眠《ねむ》れなくなったりします。

大人は安全な場所にいて、子どもだけ被害にあったのだったら大人が受け止めることができますが、大人も安全ではなく、大人も苦しさを語れない状況なら、家庭のなかでも地域のなかでも災害にあった経験は語られることをよしとされず、無かったことにされてしまいますから、苦しさはますます押しこめられていくことになります。社会的危機は子どもにとっても大人にとってもメンタルヘルスに深刻な影響を与《あた》えるのだと思います。

そのなかで子どもの苦しさは、とくに学校では大人側が無視したり、放置してしまっている要素が大きいと思います。

不登校を例にとって考えてみます。文部科学省が「問題行動」と「不登校」の統計を毎年とっています。学校の先生から見てこの子はどんな要因で不登校になったのかという推定による原因の項目もあります。

２０２０年度の中学校の調査結果のグラフを見ると、いじめが不登校の要因だと教師が思っているのは、不登校の子どもたちの0・2%です。衝撃的《しょうげきてき》に低い数字です。いじめではない友だちどうしの問題かもしれない、と判定しているのが12・5%です。これは学校の先生を対象とした調査で、あとで紹介しますが、子ども本人が「いじめが原因だ」と答えている割合よりずっと低くなっています。つまり、いじめがこれだけ増えているなかで、大人たちがいじめから目をそらしているということです。

そのほかいろいろな要因があげられていますが、学校側（先生）がもっとも大きな要因として挙げているのは「本人にかかる状況」で、無気力や生活リズムの乱れなどです。先生たちが、不登校の主な原因は子ども本人や生活にある、つまり学校側の原因ではないと考えていることがわかります。

鴻巣　スクールソーシャルワーカーとして学校にかかわっていると、学校に来なくなった子どもについて、「理由がわからない」「朝行きたくないと言っているようだ」などの場合、原因を「無気力」としたり、親が学校に行かせようとしていない、つまり、家庭にかかる

学校の先生から見た不登校の要因

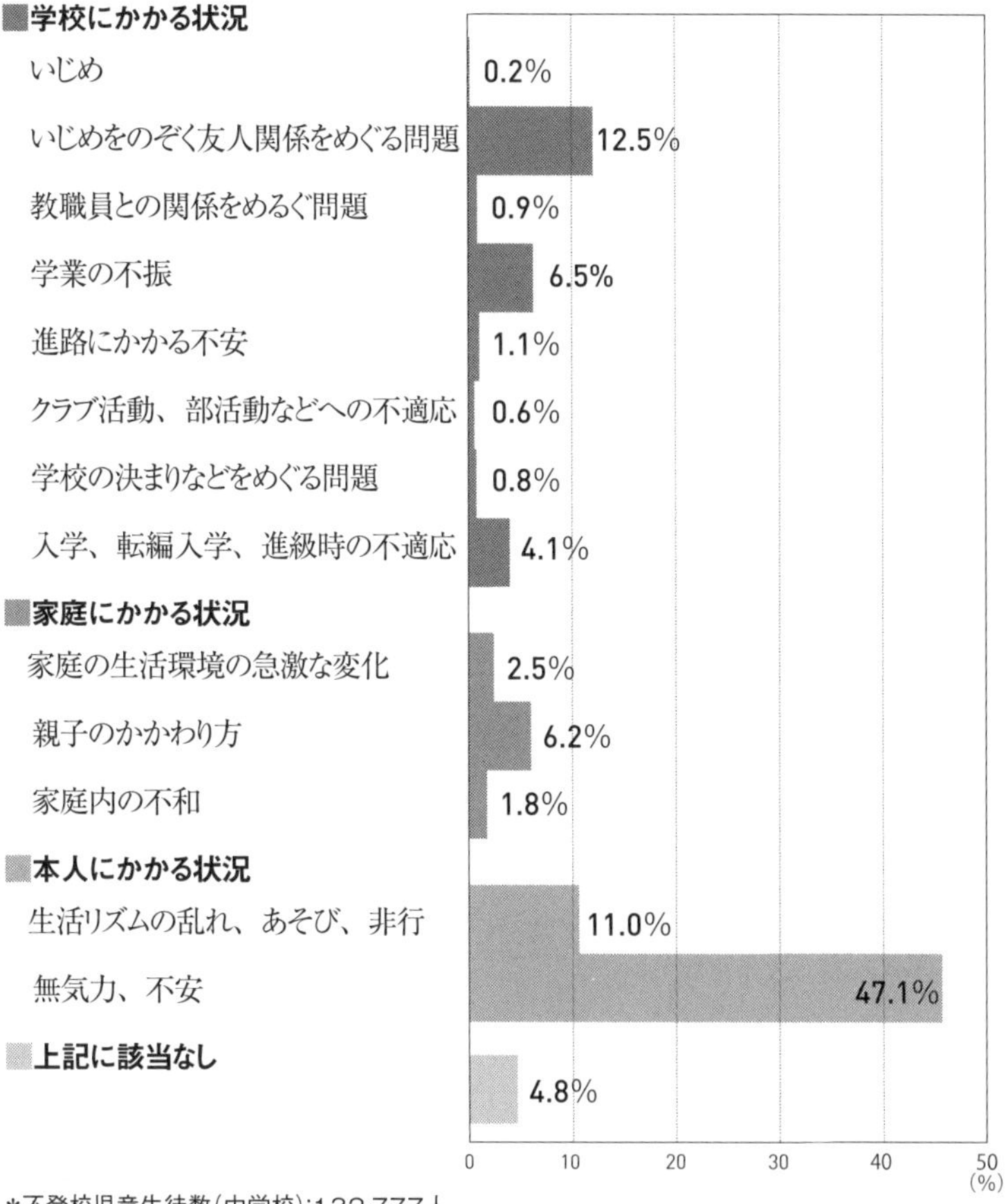

*不登校児童生徒数(中学校):132,777人
*「長期欠席者の状況」で「不登校」と回答した児童生徒全員につき、主たる要因1つを選択
*%は不登校児童生徒数にたいする割合
2020年度文部科学省「児童生徒の問題行動・不登校等生徒指導上の諸課題に関する調査」より作成

問題とする例にしばしば出会います。

学校がいじめに原因があると考えている0・2%については、子どもが学校にたいして「私はいじめられています」ということを、自分か親かだれかを通じて伝えたか、先生が察《さっ》知《ち》したか、なんらかの手段《しゅだん》をとおして学校に伝えられている子どもしかカウントされていないのだと思います。

でも、「どうしてかわからないけれども学校に来なくなった。親も行かせようとしていないし、無気力でゲームばっかりやってる」と思われている子どもが、学校に行けなくなって3年くらいたって、かろうじてつながっていた支援者《しえんしゃ》に、ようやくぽつりぽつりと「じつはいじめられていました」と言うことは少なくないんです。

学校でいじめられている時点で、多くの場合、その集団にたいする信頼、教師にたいする信頼も損《そこ》なわれています。だから、「私はいじめられている」と言う力をほとんどの子が削《そ》がれてしまってるんじゃないかと思います。先生がいじめが原因だと認知しているのがものすごく少ないのは、こういうことの表れでもあると思います。

井上 つぎに文部科学省が行っている「不登校児童生徒の実態調査《じったい》」の結果を紹介します。小学6年生と中学2年生の児童生徒や保護者へのアンケートです。回収率が低いのですが、

最初に行きづらいと感じはじめたきっかけ

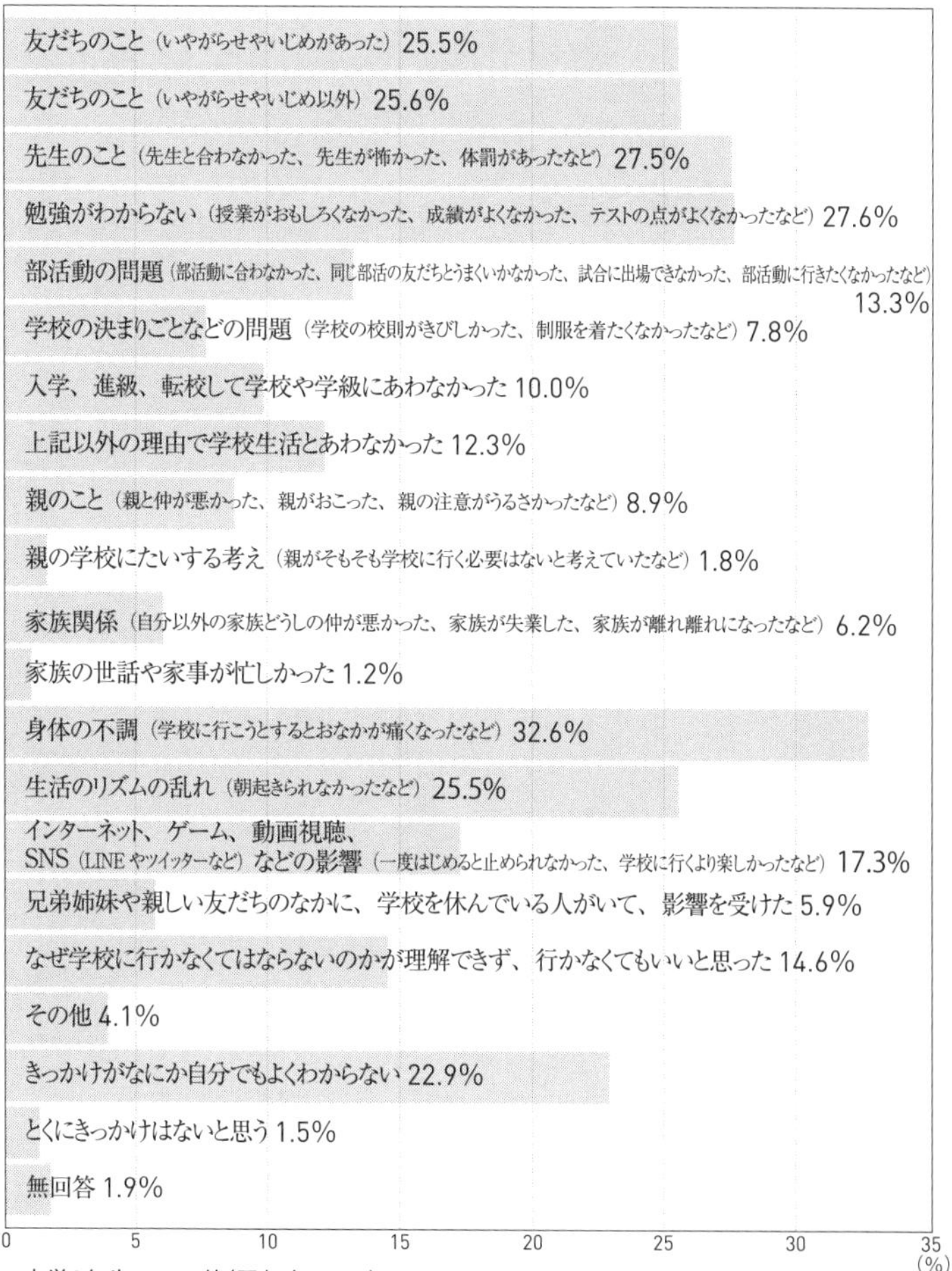
友だちのこと（いやがらせやいじめがあった）25.5%
友だちのこと（いやがらせやいじめ以外）25.6%
先生のこと（先生と合わなかった、先生が怖かった、体罰があったなど）27.5%
勉強がわからない（授業がおもしろくなかった、成績がよくなかった、テストの点がよくなかったなど）27.6%
部活動の問題（部活動に合わなかった、同じ部活の友だちとうまくいかなかった、試合に出場できなかった、部活動に行きたくなかったなど）13.3%
学校の決まりごとなどの問題（学校の校則がきびしかった、制服を着たくなかったなど）7.8%
入学、進級、転校して学校や学級にあわなかった 10.0%
上記以外の理由で学校生活とあわなかった 12.3%
親のこと（親と仲が悪かった、親がおこった、親の注意がうるさかったなど）8.9%
親の学校にたいする考え（親がそもそも学校に行く必要はないと考えていたなど）1.8%
家族関係（自分以外の家族どうしの仲が悪かった、家族が失業した、家族が離れ離れになったなど）6.2%
家族の世話や家事が忙しかった 1.2%
身体の不調（学校に行こうとするとおなかが痛くなったなど）32.6%
生活のリズムの乱れ（朝起きられなかったなど）25.5%
インターネット、ゲーム、動画視聴、
SNS（LINE やツイッターなど）などの影響（一度はじめると止められなかった、学校に行くより楽しかったなど）17.3%
兄弟姉妹や親しい友だちのなかに、学校を休んでいる人がいて、影響を受けた 5.9%
なぜ学校に行かなくてはならないのかが理解できず、行かなくてもいいと思った 14.6%
その他 4.1%
きっかけがなにか自分でもよくわからない 22.9%
とくにきっかけはないと思う 1.5%
無回答 1.9%
0
5
10
15
20
25
30
35
（%）

＊中学2年生1303件（回収率8.2%）
2020年度文部科学省「不登校児童生徒の実態調査」より作成

当事者の声を直接調査したものです。２０２０年の調査から中学2年生の結果を紹介します。

「最初に（学校に）行きづらいと感じはじめたきっかけ」について、子どもたちは自分なりにいろんな要因をあげています。「友だちのこと（いやがらせやいじめがあった）」が25・5％です。本人は少なくとも体験としてはいやがらせやいじめがあったとしています。「いやがらせやいじめ以外の友だちのこと」は25・6％です。友だち関係において、なんらかの被害体験《ひがいたいけん》をしたと考えているということです。

「先生のこと（先生と合わなかった、先生が怖《こわ》かった、体罰《たいばつ》があったなど）」が27・5％です。これは教師から見た調査とは大きな差があります。「勉強がわからない（授業がおもしろくなかった、成績がよくなかった、テストの点がよくなかったなど）」は27・6％です。学校での子どもたちの勉強が、今のままでは一定の割合の子に負荷がかかりつづけているということであり、すごく深刻だと思います。

他に、「身体の不調《ふちょう》（学校に行こうとするとおなかが痛くなったなど）」は32・6％、「生活リズムの乱れ（朝起きられなかったなど）」は25・5％です。身体の不調を訴《うった》える子はそうというということです。これらは、おそらく心身症《しんしんしょう》と言われる、ストレスからくる身体の症状が影響しているのだと思います。

もうひとつ深刻なのは、「きっかけがなにか自分でもよくわからない」としている子が22・9%もいることです。自分になにかが起きているんだろうけど、なにがなんだかわからない、というのは、これ自体がメンタルヘルスになんらかの問題が起きていることの表れです。おそらく、親もどうしていいかわからなくて、「無理をさせないでおこう」となった場合に、「家庭の状況であまやかしている」と見られてしまっている子たちがいるのかもしれません。

鴻巣　それはあると思います。

井上　教師が推測している調査では、「教職員との関係をめぐる問題」は0・9%。「いじめ」は0・2%。子ども自身にきいた調査では「先生のこと」は27・5%、「いじめやいやがらせ」は25・5%です。本人が感じていることと大人たちが見ていることがこれだけかけ離れていれば、いじめがあっても、苦しさがあっても、先生に話せないでしょう。学校が行きずらい場所になっている要因としては、こういった先生と子どもたちのギャップもあるかなと思います。

鴻巣　不登校になった子どもたちや親御《おやご》さんと話をしていると、先生の話はよくききます。「いろんな理由があって遅刻《ちこく》したのに、『どうしたの？　なにがあったの？』ときかれずにいきなり頭ごなしに怒《おこ》られた」とか、「友だちとの間で苦しいことがあったのに、話をきいてもらえなかった」とか、「秘密《ひみつ》だよと言ったはずのことが秘密にされなかった」などです。

そういう話をきくと、本人と相談しながら必要に応じて先生に伝えますが、「その程度のことで学校に来られなくなるの？」「マジで？」みたいな反応が返ってくることはめずらしくありません。それって、つまり「その子が弱いからだよね」ということです。先生とのことでつらくなったのに、「本人の気力の問題」とされてしまっているケースがけっこうあるのではないかと思います。

井上さんのところに来る子たちは、学校での苦しさをどんなふうに語っていますか？

井上　先生の対応が問題の中心で学校に行けなくなった、ということだけでは医療機関を受診しません。先生の対応をつらいと感じる子ども自身は素《す》の状態なので、親も精神科につれていこうと思わないのだと思います。じっさいには、そのようなつらい状況が慢性化《まんせいか》する中で心身ともに憔悴《しょうすい》し、さまざまなこころの症状を出した子たちが多く受診します。

鴻巣　親から見ても、その子のなかに病《やまい》があると思わないということですね。つらいことを言ったりしたりしてくる人をつらい、避《さ》けたいと感じるのは自然な、むしろ健康的なことでもあります。

今は「子どもは管理すべきである」「子どもには権利を与えてはいけない」「子どもには子どもとしての義務《ぎむ》を果たしてもらわなければならない」と考える大人がまだまだ大きな力を持っていて、そういう大人に力をあたえているのも私たち大人です。子どもにかんする社会の認識をアップデートさせていくのも大人の責任ですが、時間がかかります。

今の子どもたちは、今の苦しい、抑圧《よくあつ》してくる排除《はいじょ》してくる世の中をサバイブしていかなければならない。そのサバイブしていくような子どもたちに井上さんからメッセージをお願いします。

井上　すごく大事なことは、自分が「イヤだ」と感じる体験、「怖い」とか、「苦しい」とか、「安心できない」とか、「身体がつらい」とか、「集中できない」とか、自分が「つらい」と感じる体験を、ぜったいに人と比べないでほしいということです。

あなたの痛《いた》みとか苦しみはあなたにしかわかりません。「このくらいでつらいと言ってはいけない」と思ってしまってる子はめちゃくちゃたくさんいると思います。でも、毎日の生活がなんだかんだ言ってもできていたのが、「どうもおかしい」というとき、生活レベルでなんらかの影響《えいきょう》が出ているときは、自分1人で解決するのはすごくむずかしいかもしれません。

子どもたち自身、「明確な原因がみつからない」と言う人も多いのですが、すると、まわりとしては、「気分の落ち込みくらいで休んじゃいけない」、というふうになってしまうかもしれません。はっきり言って、なにも原因がないかのように見えているときほど、医療が中心的に助けの役割を担《にな》うべき状態かもしれません。

もう1つは、いじめにしても、親からのつらい言葉にしても、先生からのつらい指導《しどう》にしても、あまりにも立て込んでいる受験勉強にしても、どうにもがまんできない状況というのはあります。そんなとき、人間の心は、それまで健康であってもふつうにケガをしてしまうことがある、ということをお伝えしておきたいです。

自分のつらさを過小評価《かしょうひょうか》したり、他の人と比べてこのくらいは不安と言ってはいけないとか、そういうことではなくて、自分の身体は自分のものだし、自分の心も自分のものなので、自分が痛いと認定《にんてい》すれば痛いんです。大人は子どもの言葉はいつも正しいと受け取る。そこからすべてをスタートさせて、それが子どもと大人が歩みよる最初のステップになるといいなと思っています。

もし、非常にささいな、非常にわずかなことがつらいなら、なおのことケアが必要だということです。痛みや苦しみを個別で重要なサインとして子どもも大人もちゃんと受けとっていきましょう、というところかなと思います。

鴻巣　ありがとうございます。もう1つ、イヤなこと言ったりしたりしてくるけど、どうしてもかかわらなきゃいけない大人が身近にいる子どもたちに、そういった大人から、自分を守る方法がもしあるとしたら、アドバイスしてください。

井上　「逃げろ」でいいと思います。

鴻巣　その一言がききたかったです。逃げろということは、逃げられる場所を大人がつくっていかなきゃいけないということでもありますね。

井上　そういうことになりますし、たとえば虐待を受けていたり犯罪の被害にあった子どもが自分で警察通報することもけっこう出てきていて、非常に適切です。危機的な状況に、とりあえず助けが入るきっかけになったりするので。「どうしよう、だれか助けて」となったときに、とりあえず、警察を呼ぶというのはじつは有効です。

警察は、本人がいちじるしく精神状態が不安定、不穏状態《ふおんじょうたい》、興奮《こうふん》が強いなどであれば、当然病院に紹介しますし、虐待がある場合は児童相談所を含めて、両方につなげることもあります。そういった道も意外と有効だよと言えると思います。

鴻巣　今、家で虐待を受けている、苦しい、助けてほしい、でも警察や児童相談所に相談したら、今よりももっと大変なことになるのではないか、仕返《しかえ》しされるんじゃないかという不安をもっている子は一定数います。

でも、悪い方向に行くということはじつはほとんどないんじゃないかと思います。必《かなら》ず変化がおきます。仮定の話になるので、通報や相談をしなかった場合と比べることはできませんが、長期的にはその子自身を守ることにつながることがほとんどです。ちゃんと問題にするというのはすごく大事なことだと思います。

第2章

子どもの権利ってどんなもの？

ユニセフ（国連児童基金）の「子どもの権利条約（児童の権利にかんする条約）」という人権条約があります。世界中のすべての子どもたちがもつ権利を定めています。できたのはだいぶ昔で、1989年に国連で採択《さいたく》されました。196の国や地域がこの条約を守ることを約束しています。日本も1994年に批准《ひじゅん》し、発効しています。それから30年近く経って、日本でも4つの権利と4つの原則はわりと知られるようになりました。

4つの権利とは、「生きる権利」「育つ権利」「守られる権利」「参加する権利」です。「生きる権利」は命が守られて、健康で人間らしい生活を送れること。「育つ権利」は、心身ともに健康に成長できる環境《かんきょう》がちゃんと整備されて、それぞれのちからを伸《の》ばすことができること。「守られる権利」は、暴力《ぼうりょく》や虐待《ぎゃくたい》、搾取《さくしゅ》から守られる権利。「参加する権利」は、それぞれの子どもの意思が尊重されて、発言、意見がちゃんときかれる権利です。

4つの原則というのは、「命を守られ成長できること」「子どもにとって最もよいこと」「意見を表明し参加できること」「差別のないこと」です。この4つの原則は2023年4月に施行された「こども基本法」にも取り入れられています。

それぞれの権利について、具体的に見ていきましょう。

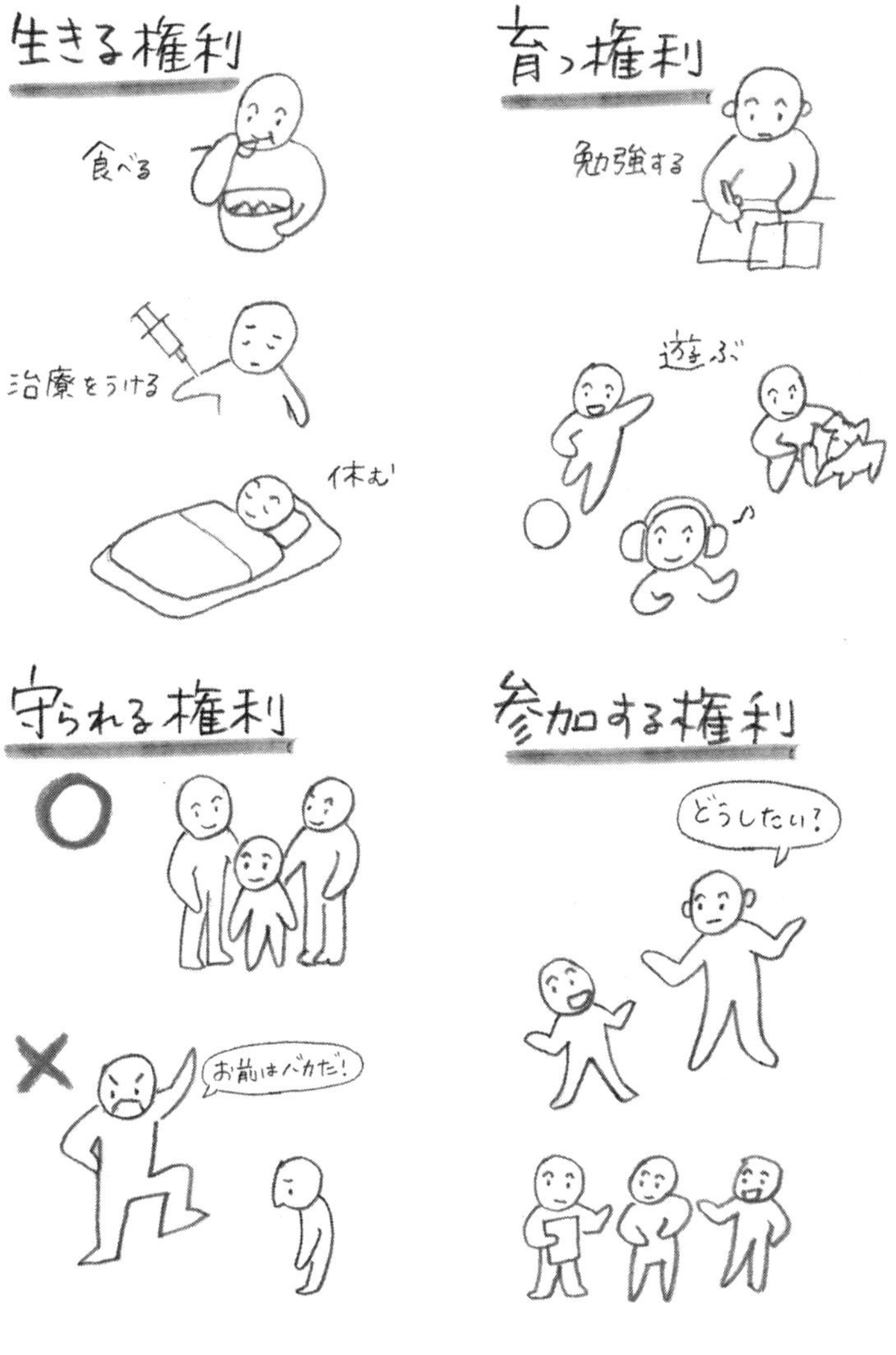
生きる権利
食べる
治療をうける
休む
育つ権利
勉強する
遊ぶ
守られる権利
お前はバカだ!
参加する権利
どうしたい?

生きる権利

「生きる権利」について、すごく簡単に言うと、病気になったりケガをしたとき、治療《ちりょう》をちゃんと受ける権利があるということ。大人たちの都合や宗教的な理由で、それがじゃまされてはいけないということです。自分が病気になって、病院に行かなければならないのに、親やまわりの大人たちが行かせない、治療を受けさせないという場合は、生きる権利が侵害《しんがい》されている状態です。

たとえば部活動でケガをして手が腫《は》れたとか足が痛い、だから病院へすぐに行きたい、というとき、顧問《こもん》や監督《かんとく》やコーチに「たいしたことないだろう」と練習をつづけるように指示されることもあります。そういう経験がある人はめずらしくないと思いますが、これは生きる権利が侵害されている状態です。

――そうなの？

真夏なのに休憩や給水の時間が十分ではなく、生徒が熱中症《ねっちゅうしょう》になってしまい、重大な健康被害を負ったり、命を落としたりする事件は起きています。たとえば２０１７年に群馬県で、中学1年生が駅伝の練習中に熱中症で意識を失い、足に後遺症がのこりました。練習と練習との間の休憩は1分しかなく、何口か飲んだらすぐに戻るように指導されたそうです。私も子どもたちから、部活で暑くてふらふらになったのに先生は「水を飲んで休んでいれば大丈夫《だいじょうぶ》だ」と言って病院に行かせてもらえない、という声をきくこともあります。

2015年には、神奈川県で、柔道《じゅうどう》の練習中に重量級（体重の重い階級）の生徒にたいして軽量級の生徒と同じ内容の走り込みが課され、高校1年生の生徒が熱中症で亡くなった事件もありました。体重の重い生徒には激しい運動の負担が強くかかり、熱中症になりやすいという医学的な知識が学校に浸透していなかったことの一例であると言えます。

熱中症以外にも、熊本県の高校のハンドボール部では、監督の指示で2021年から2022年にかけてひじの故障で三角巾をした部員にゴールキーパーをさせたり、新型コロナで陽性の疑いがあっても病院に行かせず部活動へ参加させるような発言をしていたことがわかりました。医療のプロフェッショナルではない大人が自己判断で休ませない、病院に行かせない、けがをしても試合に出させる、あるいは「休んでいれば治る」「しばらく様子を見よう」とするのは、子どもの生きる権利を損ねているということです。

学校で起きた事件としてニュースになるのは、子どもが命を落としたり、身体に大きなダメージを負ったあとです。事件になる前に、たくさんの子どもたちの生きる権利が侵害されているということです。

また、体調が悪くて病院に行きたいけれど、保護者が連れていってくれない、というのも子どもの生きる権利を侵害しています。これは医療ネグレクトという児童虐待にあたります。熱が出たり、ケガをして血が出たり、咳《せき》や鼻水が出るなど、わかりやすい症状《しょうじょう》があると、たいていの大人は病院に連れていってくれます。だれも病院に連れていかないと、ちゃんとケアされていないんだとまわりも気がつきやすいです。

でも、「すごく落ちこんでいる」「なんだか死にたくなってしまう」「自分を傷つけたり、傷つけたいと思うことがある」「眠《ねむ》れない」「食欲がない」といった場合は無視されやすいです。心の病気については、生きる権利がとくに侵害されやすいと感じています。

子どもが「なんだか眠れない。落ちこんでるし死んじゃいたい」と言っても、「そんなのは気の持ちようだ。そんなことで弱音《よわね》を吐《は》くなんて」と言う大人はけっこういます。「精神科に行くなんて」と、精神科医療にたいする偏見《へんけん》をもっている大人もいます。それで子どもは病院へなかなか連れていってもらえないことがたびたびあります。

まわりの人たちも、血をダラダラ流しているのに病院へ連れていかないとなると大変だと騒《さわ》ぐけれど、心の病気は外から見てはっきりとわかるものではないので、「連れていってあげてほしいけど、心配だね」で終わってしまう。心の健康というのは軽んじられてしまっているのです。

――部活のとき、程度にもよるけど雰囲気的《ふんいき》に病院に行きたいと言えないとか、ケガしてもがまんするときもある。

「痛みをがまんしなさい」とか、「つらいことをがまんしなさい」とか、「がまんすることが成長」とか、生きる権利を軽《かろ》んじるメッセージを大人から浴びせられてますよね。「まわりに迷惑《めいわく》をかけるな」というのもあります。運動部にかぎらず、私が中学で所属していた吹奏楽部《すいそうがく》などでも「みんなに迷惑をかけてはいけません」ということをじわじわと叩《たた》き込まれるので、「ケガしても病気でも、弱音を吐《は》いてはいけない」と思ってしまうし、だから、「痛い」「病院に行きたい」「休みたい」と言えなくなってしまう。大人がつくっている環境が、あなたの生きる権利を軽んじているのです。

そして自分でも自分の生きる権利を軽んじてしまうようになります。子どもたちを見ていると、「みんなのために無理しなきゃ、がんばらなきゃ、がまんしなきゃ」と自分をあとまわしにして、健康を削《けず》って削って、最後まで削り尽《つ》くして、「もうダメです。疲れました」とバタンと倒れてしまう人が一定数います。そして長く休むことになります。むしろ、生きる権利を自分で守ると、いろいろな目標にリーチしやすくなると思うのです。「削って削って」の前に、ちょっと削れたと思ったらさっと休む。ちょっと苦しくなったらさくっと休む。そうすると傷が浅いうちに回復できるので、持続可能な努力ができるんじゃないかと思います。

私は部活動にしても勉強にしても、気分で休んでいいと思っています。ソーシャルワーカーとしてかかわる子どもたちには、「学校も部活も、朝起きたときに行けるなという気分が6割以上のときは行きましょう。行けそうだという気持ちが6割を下まわったら、休むことを自分に許《ゆる》してあげてください」と言います。

6割未満のときに無理して行くと、次の日は行けそうな気持ちが4割に低下して、でも無理していくと次の日は3割に低下して……とじわじわとゼロになり、ゼロからまた6割に回復するには、長い休みが必要になってしまいます。だからちょこちょこ休む。おたがいにそれを許せる集団は、ステキだと思うんです。

それに「この場にいたい。参加したい」という気持ちが6割以上の人たちが集まってくると、その集団がいい空気になると思うのです。たとえば部活に「参加したくない。イヤだ」という子たちが無理に来ていると、つらそうに練習している子たちを見て、「やる

学校も部活も、
行けそうな気持ちが6割以上のときに行く

気がない」「態度が悪い」とイライラする人たちが出てきて、集団の空気は悪くなります。そもそも部活動というのは、子どもたちが自分から主体的に参加する活動なので、行きたいと思えないときは、むしろ行かないほうがいいと思うんです。

――でも来ない人が多いと、しらけたり、まとまりがなくなったり、チームのメンバーが足りなかったりするよ。

ここで考えたいのは、部活動がなにを目的にしたものか、ということです。その競技や種目が好きな人、ただ楽しみたい人、試合に勝って活躍《かつやく》したい人、スキルを伸《の》ばしてうまくなりたい人……学校の部活動にはいろんなモチベーションの子がいます。部活動が強制されている学校の場合、「やりたくないけどしかたなく来てる」子もいるでしょう。そういった子たちの集団に、一律の「やる気」や「まとまり」を要求することは、ほとんど不可能だと思うのです。

全員が試合で勝つことを目標にした「ガンガン行こうぜ!」な集団や、「ゆるく楽しめればそれでOK」な集団、本来なら同じ競技でもいろんなチームがあったほうがよいと思います。生徒の人数的にも指導者の数的にもそれができないので、技術レベルも目標も動機も意欲もバラバラな子をむりやりつなぎ合わせているのが学校の部活動です。

それを「まとめる」ためにだれかに無理をさせたり、休むことを禁じたり、ついてこられない子を排除《はいじょ》したりということが許されてよいとは思えません。そして数名休んだことによってメンバーが足りなくなるようでは、そもそもその活動を継続《けいぞく》させることは困難です。プロのチームには必ずバックアップがあります。中高生がバックアップのない、プロよりも困難な条件で競技ができるはずはありません。

つまり、だれかが休んだことで生じるさまざまな影響《えいきょう》は、部活動のあり方そのものによって生じるエラーなのです。けっして休む子たちに原因があるのではありません。

——そうか。休む子のせいじゃないんだね。

はい。もう1つ、「生きる権利」のところでお伝えしておきたいのは、子どもの権利条約の第27条です。わかりやすく言うと、「子どもは、心や身体がすこやかに成長できるような生活を送る権利をもっています。親（保護者）はそのための第一の責任者ですが、必要なときは、食べるものや着るもの、住むところなどについて、国が手助けします」という部分です。つまり、「保護者の力のみで子どもを育てることがむずかしい場合は、国から金銭や教育の支援《しえん》を受けることができる」ということです。

日本では国や都道府県などの自治体によって、子育て世帯に児童手当が支給されていたり、困窮《こんきゅう》しやすいひとり親にはひとり親の手当があり、また経済的にきびしい世帯には給食費や学校の活動にかかる費用が支給されるなどで、この条文はとりあえず実現されています。ただし、じつは欠けている部分があります。子どもにたいするお金のすべてが、親を経由しているので、そのお金が子どもにたいして使われないことが起こりうるのです。「子どものために使ってください」というお金なのに、ちゃんと子どものために使うのかどうかが親しだいになってしまっています。

子どもに直接お金が行《い》き渡《わた》らないことで、子どもが苦しむことはめずらしくありません。生活のためにバイトをしなければならない高校生たち、あるいは家庭が経済的に困っていて補助や給付は受けているけれど、子どもの持ち物に使われなかったり子どもの学校に支《し》払《はら》うお金が滞《とどこお》っている、子どもにちゃんとごはんを食べさせられていない、そういったケースがあります。

そのため、子どもに直接お金が流れるような制度が必要だと考えています。もちろん、子どもはお金を渡されても困ってしまいます。ですから、全員が買うことになっている制服や体操着やリコーダーや絵の具セットなど、そしてもちろん給食費や課外活動の費用をすべて無料にすることでお金を直接子どものために使うことができます。十分にごはんを食べられない子どもがいたとしたら、親に「食べさせてくださいね」とお金を渡すのではなく、子どもが無料で食べられるような場所が増えていけばいいと思うのです。

――どうやって？

個人的には、学校で朝昼晩の食事を出せばいいと思っています。たとえばアメリカの経済格差が大きな地域にある一部の学校では、学校の食堂を朝と晩、長期休暇《きゅうか》中も開放し、子どもたちが学校で3食食べられるようになっています。日本でも学校で朝ごはんが食べられるところもあります（たとえば広島県では行政主導で「学校朝食」を提供している小学校があります）。家で食べたい子は家で食べればいい、ですが「家で食べられない」子どもだけでなく希望すればだれでも食べられる、そんな仕組みが望ましいと思います。

今、十分に食べられない子どもたちがいて、各地でこども食堂が開かれています。国もそれを応援していますが、食べられない子がいると国が認識しているのであれば、第27条にあるように、国の責任で、きちんと子どもたちに食料が行き渡る仕組みをつくればいいのです。

育つ権利

つぎに「育つ権利」についてです。学校は子どもの学ぶ機会を守る場、つまり育つ権利が守られる場です。主人公は子どもです。大人が子どもにたいして適切な教育を受けさせる義務はあるけれど、子どもはあくまでも学ぶ権利を行使し、育つ権利が守られる側です。体調が悪いときはもちろん、その場にいることがつらくて苦しい、心の健康が損《そこ》なわれてしまいそうだというときは、その場から離《はな》れることを選べます。これは苦痛から逃《のが》れることで、自分自身が「守られる権利」を行使していることでもあります。

――でも、学校に行かなければ学ぶ権利が行使できなくない？

学校が苦しい、なにかつらい事情があって、学校に行けなくなる。いじめを受けている。不適切な指導がある。理不尽《りふじん》な校則がある。これらはすべて育つ権利の侵害です。学校がその権利を侵害するのであれば、学校以外の場所で子どもたちの育つ権利を支える学びの機会を保障する、ホームスクーリングやオンラインを使ったオルタナティブスクールなど、学びのスタイルはもっと多様になっていいと思います。

ただ、今の日本では、どちらかと言うと「学校以外の学びの機会づくり」に全振りしがちです。「学校が無理ならここがあるよ」となってしまっています。いろいろな選択肢が増えるのは素晴らしいことです。でも、そもそも学校にいられないのは、学校が子どもたちのいろいろな権利を侵害しているからです。それを放ったらかしにして、「こっちもあるよ」「あっちもあるよ」というのは、ちょっと無責任だと思います。学校は学校で変わらなければならない。でも学校以外のいろいろな学びの機会も増えたほうがいい。どっちも大切なんです。

フリースクール（さまざまな理由で学校に行けない子どもたちが通う民間の施設《しせつ》）もオルタナティブスクールも月に何万円とお金がかかります。学校に行けなくなった子のうち、親が高い関心を持って「こういうのがある」と探してきて、お金の面でも生活の面でもサポートできる環境にある子たちだけが、別の機会につながれるという状況《じょうきょう》です。子どもたちの学ぶ機会がここでも損なわれています。学校がしっかりと変わっていく必要がある、これは何度でもくり返し訴《うった》えていきたいことです。

選択肢が増えるのはいいけど、学校は学校で変わらなければならない

守られる権利

虐待を受けないよう守られること、無理やり働かされないこと、そして紛争《ふんそう》に巻《ま》きこまれないこと、国が子どもを守ること。これらが「守られる権利」です。

「国が子どもを守る」と言いましたが、子どもの生活の場は家（家庭）です。子どもはまず、家庭のなかで守られなければなりません。つまり、虐待を受けたり、衣食住を用意してもらえなかったり、家族のケアや家の仕事の手伝いで学校に行けなくなってしまったりすることがないようにしなければなりません。でも、国は家のなかのことにたいしてとても及《およ》び腰《ごし》で、家のなかで「世の中では許されないこと」がしばしば起きており、それが見過ごされてしまっています。

――どういうこと？

家のなかで親が子どもに「お前はバカだな」と言う、容姿《ようし》をけなす、あるいは手を上げる、言うことをきかない罰《ばつ》だとして食事を与《あた》えないなどは、残念なことに数多く起こっています。けれども、よほどひどい虐待でなければ問題になりません。でも家の外で、家族以外の人からバカだと言われたら、容姿を侮辱《ぶじょく》されたら、学校や子どもがくらす施設などで「言うことをきかない罰だ」といって給食や食事を与えなかったら、それぞれ大きな問題になります。もちろん、他人を殴《なぐ》ったら犯罪《はんざい》になります。

家のなかで苦しんでいる子どもを救う責任は国にあるはずです。それが「家のことに口を出せない」と、国がその役割をおろそかにしているのです。

日本という国は1人の子ども、1人の女性、1人の男性、1人の人というように個々人というより、「家（世帯）」というものでまとめて管理しています。日本は「家父長制《かふちょうせい》」的な価値観が強い国だと言われます。家父長制とは一家の長である家長《かちょう》（長男が代々受けつぐ）が、他の家族にたいして絶対的な支配権をもつ制度のことで、「家制度」とも呼ばれます。第二次世界大戦後に廃止《はいし》されましたが、今でも日本のさまざまな制度は「家」という単位で設定されています。

——今でもそうなの？

はい。困っている人を助ける福祉の制度も例外ではなく、だいたいが世帯単位です。新型コロナウイルスの流行で多くの人が経済的にダメージを受けたとき、政府は子どもから大人まで住民票がある人全員に給付金を配りました。けれども1人ひとり個別に配られたのではなく、家族全員分が家のなかの代表者（世帯主《せたいぬし》）に支給《しきゅう》されました。その代表者が、ちゃんとそれぞれの子どもたちや配偶者《はいぐうしゃ》（妻《つま》ないし夫《おっと》）に、「これはあなたの分」と配った家庭ももちろんあるでしょう。ですが、それをやらない家庭もたくさんありました。配偶者や子どもたちには支援が届かず、とくにＤＶ（家庭内暴力）の被害や虐待で避難している配偶者や子どものなかには支援を受け取れなかった人がいました。世帯を単位としたこのやり方では、国は子どもを直接助けていないのです。

国が家のなかの1人ひとりを大事にすると、いままで日本という国が大事にしてきた家制度がこわれてしまうのです。だから子どもが苦しんでいたとしても、家のなかのことは、子ども個人としてではなく家という単位でしか見ていないのだと思います。

また、子どもを守るための人材や施設が圧倒的《あっとうてき》に不足しているという実態《じったい》もあります。虐待を受けた子どもを守るための児童相談所も人手不足が深刻で、保護が必要な子どもが一時的にくらす一時保護所も部屋数が足りず、職員も少なく、定員をオーバーしているところがほとんどです。そのため、守られる必要があるたくさんの子どもたちのうち、じっさいに保護されるのはごく一部で、保護された場合も十分に子どもの人権を守れない状態です。子どもを守る人材や施設を増やすために予算を使おうとしない国の姿勢が影響しています。

参加する権利

参加する権利とは、意見がきかれ尊重される権利のことです。なにに困っているか、どうなりたいか、どうしてほしいか、だれとどこでくらしたいかなど、さまざまな決定において子どもの願いがきかれることです。

「子どもの意見をききましょう」と言うと、「子どもの言いなりになるのか」とか、「物事の分別《ふんべつ》がつかない子どもの言いなりになったら、かえって子どもを守れなくなる」と反応する大人は一定数います。たしかに、子どもは未熟で弱いかもしれません。でも、子どもが弱くて未熟だとしたら、ゆらぎやすいとしたら、影響を受けやすいとしたら、だからこそなおさら私たち大人は、「どう感じる?」「どう思う?」「なにを考えてる?」と、子どもの声をききつづけなければなりません。意見というのは、きかれなければ出てこないからです。

「どう感じるか」「どう思うか」「今はどうか」「わからないなら、わからないでいいよ」と、たくさんたくさん大人にきいてもらって、少しずつ子どものなかに自分の意見が育っていくのです。「わからないから代弁してあげよう」ではダメなんです。

――「意見をきかれる」ことで、自分の意見が持てるようになるんだね。

そうです。子どもの意見をきくことは、子どもが意見を持つことの訓練《くんれん》であると言えます。意見はきかれなければ育たないのです。最近、日本でもアドボケーターという言葉が使われはじめています。きかれにくい子どもの声をきいて、それを必要なところにちゃんと届ける役割を担《にな》う人のことです。「権利擁護者《ようごしゃ》」と訳されます。「子どもはこうにちがいないから、私が代弁してあげる」と決めつけるのではなく、子どもの声をしっかりきく人です。

学校ではどちらかと言うと、「しっかりききましょう」という前に、「決める」ことが優先されます。「クラスのめあてをこの時間内に決めます」などです。日本の学校にはいたるところに「めあて」があります。今日の授業のめあて、行事のめあて、今日1日のめあて、1年間のめあて、などです。まず目指すべき目標を決めることからすべてがはじまります。子どもたちそれぞれがどこに興味や関心を持っているのか、どうなりたいのか、それぞれの子たちに目を向けることを飛ばして、「今日のめあては○○ができるようになることです」と貼りつけられます。中学校や高校では少なくなりますが、小学校ではいたるところにめあて、めあて、めあてです。

――目標を決めるのは、がんばるためにはいいことじゃないの？

かりに小学校で「今日の授業では、10より大きい数を数えられるようになることがめあてです」とすると、授業中みんながんばって勉強して、ある子は１００以上まで数えられるようになったけれど、ある子は一所懸命《いっしょけんめい》がんばったけど９までしか数えられなかった、ということもあります。その子は昨日までは５までしか数えられなかったけど、今日は９まで数えられるようになったのだとしたら、その子にとっては飛躍的《ひやくてき》な成長です。でも最初に「10より大きい数を覚えることが、今日のめあて」とあるので、その子はめあてを達成できなかったことになります。５までしか数えられなかった子が、９まで数えられるようになったから、「やったね」ではなくて、「今日のめあては達成できませんでした」と評価されてしまいます。

だから目標や結論が先にある教育では、子どもたちの「今なにができ、どうなりたいのか」という、小さな声がどんどん軽んじられてしまうのです。目標を持つことをよしとするのが学校の１つの特徴《とくちょう》ですが、私は目標より先に子どもたちの「私は今これができる」「こうありたい」「こうなりたい」という小さな願い、声をきいてほしいです。たしかに計画どおりに授業が進まないと困ったことになりますが、その計画も子どもたちの個別性（ちがい）にあわせていくつかのパターンがあってよいと思います。

子どもの参加する権利が家庭でないがしろにされている

子どもの参加する権利がいちばんないがしろにされるのは、じつは家庭かもしれません。子どもは生まれてからずっと親に養《やしな》われています。親子関係は、じつは圧倒的にバランスが悪いものなのです。

しかもこの関係はそうそう簡単には切れないし、親には法律で認められた「親権《しんけん》」があります。未成年の子どもを育てる親が子どもの世話をしたり、教育、住む場所、財産について管理する権利と義務のことです。基本的に子どものことは親が決め、子どもはそれに従うべきであるというのが前提になっており、２０２２年の法改正でなくなるまでは、親は子どもに罰を与えることができるという「懲戒権《ちょうかいけん》」もありました。

――えっ、法律でそんなことが決められてたんだ。で、家のなかで参加する権利ってどんなことなの？

家のなかでの子どもの参加する権利は、親が子の意見をきくかどうかにかかっています。

たとえば、週末自分は友だちと遊びたいけれど、親が勝手に親戚《しんせき》の家に行くことを決めてしまった、という場合。これは子どもの参加する権利が損なわれています。事前に「今度の週末はなにか予定ある？　親戚の◯◯さんの家に行こうと思うけれど、都合はどう？」ときいてくれれば、参加する権利は守られていることになります。

そこで「自分は友だちと遊ぶ約束《やくそく》をしちゃってる」と言ったら、「そうか、もう約束しちゃったんだね。でもじつは親戚の◯◯さんのお子さんがいま病気で大変な状況で、このタイミングでお見舞《みま》いに行きたいんだ。友だちと遊ぶ約束も大事かもしれないけど、今回にかぎってはこっちを優先してくれないかな？」とうかがいを立ててくれて、しょうがないなあと思いつつも、「わかった。いいよ、そっちへ行くよ」「ありがとう」というやりとりがあれば、友だちと遊ぶという願いは叶《かな》わないかもしれないけれど、ちゃんと予定をきかれて、納得できる理由で親の予定に合わせてほしいとお願いをされたので、子どもの参加する権利は守られています。でも「今度の週末、親戚の家に行くから」とだけ言われたのなら、それは子どもの参加する権利は守られていないということです。

――親ってけっこう決めつけてくるし、反対意見は認めないよね。

はい。じつは家のなかでの小さな日々のやりとりのなかで、子どもの参加する権利、つまり意見を言う、意見をきかれるということが守られたり守られなかったりしています。

1つひとつは小さな、当たり前のやりとりです。そのときどきは、「ちぇっ、友だちと遊ぶ約束してたのに、親に勝手に予定入れられた」で終わるかもしれない。でもそれがつづいてしまうと、「またきかれなかった」「また軽んじられた」「また無視された」となって、子どものなかに、「親はどうせ自分の言うことなんてきいてくれない」という色眼鏡《いろめがね》が育ってしまいます。

だからあるとき親から、「あなたはどうしたいの?」ときかれても、「べつに。とくになにもないし」としか言えなくなってしまったり、あるいは「どうせ言ったって親はきいてくれない」が拡大して「どうせ自分の意見なんてだれもきいてくれないだろう」となってしまい、家以外の場所でも自分の意見や願いを言うことがむずかしくなったりしていきます。

家のなかでの参加する権利というとピンとこないかもしれませんが、じつは日常の小さなやりとりのなかで、大人が子どもの都合や願い、希望、期待をちゃんときいているかどうかが、そこから先の社会という場所で自分の意見を言えるかどうかという下地になってくるのです。

――親の意見のほうが正しい、という圧をかけられてる気がする。

そういう親も多いですよね。そうやって「どうせ言っても無駄《むだ》だし」となにも言わなくなったり、逆に「なんできいてくれないんだ」と歯向かったりすると、「この子は思春期まっただなかで、ぜんぜん話をしなくなっちゃった」とか「なんにでも反抗《はんこう》してくるから困る」と言ったりします。でも子どもの話をきくと、「そりゃ反抗するだろう。だって子どもの言うことぜんぜんきいてないじゃん」という中身だったりするし、「それじゃなにも言えなくなるよね。お父さんもお母さんもふだんから子どもの話をきいてないんだから」と感じることがとても多いのです。

家のなかでの小さな意見表明、小さな参加する権利が軽んじられていくことで、子どもは口を閉ざすか、反抗するかになり、しばしばそれに思春期や反抗期というラベルが貼《は》られてしまったりします。

ここまで子どもの権利について、生きる権利、育つ権利、守られる権利、参加する権利、それぞれについて話してきました。「子どもの権利条約」については、学校現場で教える機会が少しずつ増えてきています。ただ、教える側の理解が足りていないと思うこともあります。ある小学校でのいじめをテーマにした人権教育の授業では、「いじめを見逃《みのが》さないために、大事なことは勇気です」で授業がしめくくられました。第1章でも話しましたが、これは「(いじめを目撃《もくげき》した)あなたの勇気が試されています」という子どもたちにプレッシャーをかける言葉です。自分がいじめられていなくても、目の前でいじめがあって、それを見ているだけで苦しいときに、「いじめをなくすために大事なのは、見逃さない勇気」と言われると、「勇気が出ない自分はダメ」となってしまいます。

でもそうじゃない。自分の権利を守ろうと考えてみてください。私には私の心の健康を守る権利があるんだ。だからいったん私はこの場から離れたい。でも私には学校へ行く権利もある。学校へ行きたい。じゃあどうしたらいい? いじめがなくなってほしい。いじめの光景を私はもう見たくないんだ。だからどうする? と考えていけば、自分を守るにはどうしたらいいかという方向に意識を向けることができるようになります。

人権とは、自分が守られることです。1人ひとりが「守られたい」という願いを大切にして、自分を守るための小さなアクションを起こすことで、学校は自分だけでなくほかの多くの子たちにとって少し安全な場所になっていきます。乗りこえるのや立ち向かうのとは少しちがう、逃げたり相談したりという守備的な行動が、権利を守っていくのです。

えいちゃんさん

K　まず、ここでお呼びするお名前と年齢を教えてください。

E　えいちゃんです。16歳です。

K　この本の趣旨《しゅし》は今説明したとおりですが（28ページののぞこさんへのインタビュー参照。のぞこさんはこのインタビューにも同席してくれています）、説明をきいて、率直《そっちょく》にどう思ったかきかせてもらえますか？

E　そうですね。僕《ぼく》はまさに思春期まっただなかですけど、自分の場合、思春期らしい思春期って身体の変化以外感じてなくって、悩《なや》みが増えたり反抗期《はんこうき》がはじまったりっていうのもないんですよね。

　身体の変化についていうと、自分は小学6年生くらいからニキビが増えはじめたんですよ。今もあるんですけど、それはたぶん母方《ははかた》の遺伝的体質だと思ってて、自分はもう、（ニキビが）できるもんなんだなって割り切ってて、今は皮膚《ひふ》科で治療《ちりょう》してます。ほかにはたとえば体毛が濃くなったり、そういうのも自分の場合はそういうもんだってあきらめるというか。

K　割り切るって感じですか？

E　はい、割り切ってて。たしかにまわりの目が気になるってのもあるんですけど、でもそのまわりにいる人の話をきくと、自分が思うほどまわりは自分のこと気にしてないなっていうことがわかってくるので。なので思春期というか、この時期起こる変化を、自分以外だれも気にしてないってことを知ることで受け入れてきたって感じです。

　たしかにまわりには肌《はだ》のきれいな人とかもいて、なんで自分ばっかりって思うこともなくはなかったです。でも、それも悩んで解決するのかっていうとなにも解決しないし。なので自分は「自分が思うよりまわりは自分を気にしていない」を自分に言いきかせて、そうやっているうちに悩んだりしなくなりました。

K　どうやって、自分に言ってきかせることができたんでしょうか。なかなかむずかしいと思うんです。頭ではわかってるけど身体や心は受け入れられないって人は多いと思います。

E　自分は、話してみました。友だちとか親とかに、自分めっちゃ肌汚《はだきたな》いんだよね、イヤなんだよね、今かゆいからちょっと鏡《かがみ》見てきていい？　とか、なにも隠《かく》さずに言ってみたら、意外とそっけない反応が返ってきて。あ、そうなんだ、とか。それでみんなそんなに気にしてないんじゃないかな、少なくとも気にしないようにしてくれてるんだなって思うようになりました。

隠してると、相手がなにを考えてるかかえって気になってしまってどんどん自分の思い込みばかりが先走っちゃうので、とりあえず言ってみました。そうしたら、意外と気にしてなかった。

K　自分が気にしてることをオープンにして、まわりがどう思ってるのか事実を確認してみたんですね。

E　ですね。確認したら自分の思いこみだったってことがわかったのでそれ以上悩まなくなりました。なので思春期らしいって言われるような悩みは自分にはないんだと思います。

K　えいちゃんさんと同じ年ごろの人たちのなかには、だれかがたとえば自分の容姿や体型について「私のここが嫌《きら》い」と言う人の言葉をきくと、自分もそう思われてるんじゃないかと感じてしまう人もいます。

私はたまに「自虐《じぎゃく》は他罰《たばつ》」って言い方をするんですが、たとえば「自分なんてデブだから」「不細工《ぶさいく》だから」と自虐することが、同じ悩みを抱《かか》えている人に「自分も同じだから自分

もダメだと思われてる」と感じさせてしまうこともあります。えいちゃんさんのように「割り切る」ことと自虐ってぜったいにちがうと思うのですが、言葉で表現されるとすごく近いなって、お話をきいてて感じました。

E ああ、なるほど。

K たとえば「自分なんて肌も汚いしほんとイヤなんだよね、嫌《きら》いなんだよね」ってなったら……。

E 自虐ですね。

K でも「自分今日ちょっと肌の調子悪いから薬塗《ぬ》ってるんだよね」っていうのはたんなる事実だし。

E 微妙ですね。

K 微妙なんですよね。でも大きなちがいがある。そのちがいってなんでしょう。

E うーん、これは受けとる側のことでもあるのでむずかしいですが、でも言う側にとっては、もしかしたらほかに長所というか、自信にしてるものがあるかどうかかもしれません。

たとえば自分の場合、勉強が好きで、そしてできるほうなので、それがひとつゆるがないものとしてあります。だから肌のことについては、たとえだれかからなにか言われても、自分を大きくゆるがすものにはならなかったんだと思います。それがアドバンテージだったのかと。

K 得意なものや誇れるものだけでなく、ただこれが好きというのも強みだと思います。アニメでもアイドルでも本でも音楽でも、いっしょにくらしている猫や犬でも。結果や成果がともなわなくても、ただ好きだというものがあるだけで心の軸が他のだれの評価にも左右されない「今の私でいいんだ」という場所に整うと思うんです。

そういったものは当たり前すぎて強みだって自覚しにくいし、まわりからも認められにくいのかもしれませんが。

E みんながみんなそういう面を自覚できてるかっていうとそうではないと思うので、アドバンテージなんだって思います。

K 私たち大人、とくに子どもの悩みに理解あるふうな大人はよく「なんにもできなくても、ただ存在しているだけであなたは尊いのよ」なんて言いがちだけど。

E あるある。言われがち（笑）。

K ですよね（笑）。たとえその大人が本気でそう言ったとしても、みなさんが生きている現実はそうではなかったりします。

E ぜんぜんちがいます。

K なにもできなくてもいい、成果や結果がともなわなくても好きなものがあることが強み、私はそう本気で思っているし、心からそう2人に伝えますが、残念ながらそうでない人もたくさんいるわけです。比較したり順位をつけたり、成績や活動といったわかりやすい物差しで評価してきたり。そしてそういう人の声の方が大きくきこえたり、じっさいに影響力をもっていたりします。

N （同席しているのぞこさん。以下同）たとえまわりから評価されなくても、自分で自分のこれがいいなって思えるのは強いと思います。

K 自分が思えてるっていうのが大切なのかもしれません。自分がこれは強みだって思えていないと、いくらまわりから言われても……。

E リップサービスでしょって思ってしまう。

N　そうそう。

E　そういう面では、勉強って点数が出るのでわかりやすいです。客観的な指標があるから。だれかと比べなくても、自分がどれだけ伸《の》びたのかがわかるので。

K　勉強はつまらないって人は多いけれど、やっておいて損はないのはたしかだと私も思います。

E　でもみんな勉強嫌いなんですよね。ゲームでもなんでも、すぐに楽しいって感じられて、手軽に短期的な達成感が味わえるものがたくさんあるから。勉強って結果が出るまで時間がかかるので、やって損しないってことになかなか気づかない。あとはなんだかんだ学歴社会なので、たとえ自分ではだれかと比べなくても、どうしても世の中の側がだれかと比較してくる。

K　私は仕事がらいろんな悩みを抱《かか》えた人と会います。悩み事が深ければ深いほど、視野がせまくなって、そして短くなってしまうんです。

だからたとえば今勉強すると1カ月後には結果が出て達成感が得られるし将来の可能性が開けてくるよって言われても、今ここが苦しい子たちはとにかく今ここの苦しみからちょっとでも目をそらして気分を紛《まぎ》らわせるためにゲームしたり、なんとなく動画を見たり、TikTokスクロールしたりしちゃうのかもしれません。

E　それはあるかもしれません。自分はTikTok、インスタはやってないんですが、その理由がまさに目の前の楽しいことに流されてしまうのが怖《こわ》いからです。そういう流される要素を増やしたくない。つらいときとか疲《つか》れてるときほど流されてしまうので、最初から手をつけないでいます。そのかわり校外活動とかピアノとか、そういう気の紛らわし方で忙《いそが》しくするとSNSをやるすき間がなくなるので。

K　気を紛らわしたいなぁと思うのは退屈《たいくつ》なとき以外に、なにかをストレスに感じていたり、イヤだなってことがあるときですよね。えいちゃんさんのまわりにあるなにがストレスになっていますか？

E　自分の場合は外見的特徴《とくちょう》の悩みが多いです。目に見えてる、目をそらすことができないのが苦しい。たとえば自分は小学生のはやい年齢から体毛が濃くなったので。まずプール学習が嫌いになりました。だからいろいろと理由をつけて休んでました。

ほかにもたとえばニキビだったりは、今は言ってくる人はいませんが、できはじめのころはまだ小学生だったので、まわりからけっこうイジられました。つらかったですが、そのうちどうして自分ばっかり、ってイラつきに変わりました。でも自分の場合はそのイラつきでふっきれたというか。どうして自分がイラつかなきゃいけないんだ？　って。自分の身体のことなのに。

K　底をついてむしろ吹っ切れて上がる、みたいな。

E　そうです。もういいや、自分は悪くない、自分に落ち度はひとつもない、これは自分の問題じゃない。だったらよし、先生にチクって注意してもらおうって（笑）。あとは、わりと親も頼りました。

K　どんなふうに頼ったんですか？

E　対処法を相談しました。母もけっこうニキビ肌だったので、じゃあ皮膚科に行くわよ！ってさっさと病院に連れていってくれました。父にもたとえばこのシェービング剤《ざい》ほしいんだよねって言うと、お前ヒゲ生えてきたの？　とかそういうよけいなことを言わずに、これけっこう高いんだよね、こっちはどう？　ってさらっと受け止めて自分に必要な情報くれたり。

K　具体的な対処をしてくれるのは心強いですね。「気にしすぎだよ」「そんなことないよ」ってはげましてもらっても……。

E　いやあなたの話じゃなくて、気にしてるの俺《おれ》なんだけどって（笑）。

K　あるいは、今はそういう時期で、それこそ思春期って身体が変化するから、しばらくすれば治るよとか。

E　根拠《こんきょ》のない見通しですよね。

K　そういう反応を返してくる大人もいるなかで、皮膚科に行くという具体的な対処法を示して、ちゃんとそこにつないでくれるのは、じつは当たり前にできることではないのかもしれません。

E　だいたいふわっとした感想言われて終わりますよね、悩みを相談しても。それにニキビって、1週間や2週間で治療の結果が出るものじゃないんです。自分の場合は小学校高学年から今まで4年くらいかけて治療してるので、（親が）それをしっかり理解してサポートをつづけてくれたのも大きかったです。そういう親で運がよかったなと。

K　困りごとや悩みがあったときに、まず話をきいてほしい、わかってほしいは大前提として、そこで「つらかったね……また来週」になるのか……。

E　そうそう、だいたいそう（笑）。

K　それともこういう対処法があるよって、具体的現実的な解決方法を提示するまでしてくれるのか、大きなちがいですよね。

E　そうなんですよ。思春期とか年ごろとか関係なく、自分は今ここで悩んでるので、今ここで具体的に解決できる策がほしいんです。その具体的な解決策や対処法を教えてくれるかどうかって、大人への信頼度にけっこう大きく影響すると思います。もちろんただきいてくれてわかってくれるだけでもうれしいんですが、うれしいけど現状はなにも変わらないので。もう一歩先がほしい。

K　もちろんすぐに解決できる問題ばかりではないし、年齢的な制約や地域的、経済的制約も多いと思います。でも「対処法があるよ」って情報を提示することって、重要なのではないかと感じました。

E　すごく大きいと思います。情報があるかないか、知ってるか知らないかって大きいです。

K　他に思春期について思うことや、感じていることはありますか？

E　思春期ということで言えば、男女の差がいろんな面で出てくるって言われますけど、たしかにクラスの女子たちを見ると「なんでそんなことを気にするんだろう」って感じることはあります。

K　たとえばどんなことですか？

E　自分はぜんぜん気にならない、むしろいい人だなって思う教師とか先輩《せんぱい》とかクラスメイトの言葉や態度を嫌いとか、ウザいとかキモいとか言ったり。思春期って言葉で説明できないのかもしれないけれど、どうしてこうも見方がちがうのか本当にわからないので、もしかしたらこれが思春期の女子なのか？　って思ってしまうことがあります。

K　なるほど。かりにすごく雑に男女で分けたとして、たとえば同じ人の評価について男女で大きな差が出る場合、その原因にはなにが考えられるでしょう？

E　うーん……これも雑に女子男子に分けると、男子はぜんぜん気にしないからなのかなと。人の言葉とか態度とかを気にしないでいられる。なんで女子はそんなに気になるんだろうって疑問で、だから女子と話すときはすごく気をつかいます。コンプラ違反《いはん》にならないかなって。

K　傷つけたり、女性を差別するような言い方にならないように気をつけているんですね。

これについてはこのインタビューをきいていたのぞこさん、どうですか？

N　いや、逆にどうして男子が気にしないでいられるのかわからない。乱暴な言葉とか性的な言葉とか、容姿についてとか、あとは距離を詰《つ》められたりとか、そういうのを気にしないですむのはどうしてなのかなって思います。そういうのをキモいって言うと「キモいって言うなんてひどい」とか、「女子は気にしすぎ」ってなる。こっちからしたら気にしないでいれるほうがおかしいし、「大丈夫《だいじょうぶ》か？」って思います。

E　うーん、気にしないのと思慮分別《しりょふんべつ》がないっていうのはちがうと思う。

K　たとえば同じ人物の言動で、男子はなにも気にならないのに、女子だけが気になるとき、その人の振《ふ》る舞《ま》いのなかに、女子だけを不快にさせたり恐怖《きょうふ》を感じさせるなにかがあるとも考えられます。

多くの場合、性的な不快感や恐怖のスイッチで、それは女性のほうが性的に不快で恐怖を感じる体験をする機会が多い、という体験の差に由来しているのかもしれません。

E　なるほど……でも気にしない人は気にしないですよね。

K　ですね。あくまでも個人の体験の差なので。ただ、その体験をしやすいかどうか

に属性の差があるということなんじゃないかなって思います。

E　なるほど、たしかに自分はなんだか女子はあれこれ気にしやすいみたいだからちょっと距離とっておこう、フィジカル的にもあまり近づかないようにしようって思えるけど。

K　その姿勢が安全なラインを守ってるのかもしれません。だけどそのラインを踏《ふ》みこえてくる人もいて、それがキモいになるんじゃないかな。

E　でもほとんどの男子はそこまで深く考えてないし、傷つけようとか思ってないです。

K　そうやって考えないで済む男子を見てイラチになる女子は一定数いるんじゃないかって思います。

E　なるほど……気にするってことを教えてもらわないと男子は気づけないかもしれないですね。

N　教えてわかってくれるのかな……。

K　それを教えるのは大人の役目かもしれませんね。

E　でも今の学校ではなかなかその機会がつくれないですよね。1クラスの人数も多いし時間の余裕もないし、まず先生と話をする時間すらなかなかとれないですし。だから起きる問題の全部が思春期ってまとめられてしまうことになるんだと思います。

保健の教科書とかで思春期についての部分を読んでも、すごく大雑把《おおざっぱ》にまとめられていて、でも最後に必ず「個人差があります」って書かれてるんです。知っとるわ！　と。そしてその個人差がいちばん大事なところじゃない？　って思います。

思春期の概念《がいねん》ってだいぶ形骸化《けいがいか》してるってい

うか、年齢的にもじつは幅広《はばひろ》いですし、どんな環境《かんきょう》にいるかできっと悩みなんて千差万別なのに、それを思春期ってひとくくりにすることはできないと思うんです。まずは思春期ってという枠《わく》をとっぱらって、目の前の1人ひとりに向き合ってもらいたい。思春期って言葉をいったん頭から抜《ぬ》いてほしい。

K　だけど学校の現場ではその余裕《よゆう》がない。

E　ないですね。だから思春期って言葉が便利なんだと思います。

K　思春期ってこれまで大人が「世の中ってこういうものですよ」ってスクリーンに映して子どもに見せてきた現実を、子どもたちがだんだん「それってちがうんじゃない?」って気づきはじめる、つまり疑問や意見を持ちはじめる時期だと私は考えていて。

E　大人にとっては厄介《やっかい》ですよね(笑)。

K　厄介な子どもたちに向き合う余裕がないから、全部まとめて思春期の箱《はこ》に入れてしまえって思って、それで思春期という枠が温存されていくのかもしれません。

E　思春期の箱に入れておけばそのうち黙《だま》るだろうと。

K　前回のインタビューで、のぞこさんは、思春期はみんなが通り抜けるもの、通過するものとされるからその時期の悩みが軽んじられしまうって話してくれました。

E　わかります。思春期の悩みってされるもののほとんどって、思春期特有じゃなくない?　大人の人たちも大人になってから同じことで悩んでない?　って、大人を見てそう思うことがあります。

第3章

家が苦しいのはなぜ？

1 家が苦しいのには理由がある

家にいて苦しいと感じるとしたら、それは「思春期のモヤモヤ」なんていうふわっとしたものではなくて、具体的な理由がかならずあると思います。もちろん、親とはちがう自我が芽生えてくる時期なので、「こんなうっとうしい家から早く出たい」という願いが強くなっていくのは成長の過程として当たり前のことです。それを「思春期のモヤモヤ」と言うことはできます。でも、そういうケースばかりではありません。

私がやっているこども食堂には、さまざまな理由やきっかけで子どもたちがやって来ます。最初はなんの悩《なや》みもないような顔で過ごしていても、だんだんぽつりぽつりといろんな話をしてくれるようになります。彼らが「なんかしんどい」「なんかモヤモヤする」「なんか苦しい」と言うときに、その話をよくよくきいていくと、たとえひどい暴力などの虐《ぎゃく》待《たい》はなくても、「あなたが苦しい原因は家にあるよね」と思うことがちょくちょくあるのです。

――どんなときにそう思うの？

自分の部屋にノックせず勝手に入ってこられる、留守にしている間に机《つくえ》のなかを見られている、家族が無断で自分の物を使っている、事故にあったら心配される前に叱《しか》られた、脱衣所《だついじょ》で着替《きが》え中や入浴中に親（とくに異性の親）にドアを開けられる、女の子だという理由で（弟や兄は免除《めんじょ》されるのに）自分だけ家事を手伝わさせられる、テスト前には外出が許《ゆる》されない、予定を勝手に決められる、週末はきょうだいのスポーツの試合に強制的に同行させられる、成績が下がると外出や部活動が制限される、アルバイト代を親に渡《わた》すよう要求される、進路について親の希望が優先される、忙《いそが》しい親の代わりに家事のほとんどを担《にな》ったり小さな弟妹の面倒《めんどう》を長時間みなければならない、病気や高齢の家族の介護《かいご》を担わなければならない（この問題は「ヤングケアラー」として認識されるようになりました）、そして両親の仲が悪かったり、親の精神状態が不安定だったりアルコールに依存《いぞん》していたりでつねに緊張《きんちょう》している、親が不在にすることが多かったり親の交際相手が頻繁《ひんぱん》に家に来て居場所がない、などです。

——これみんなそうなの？　どの家でも１つくらいはあてはまるんじゃない？

そうですね。このほか家が経済的に困窮《こんきゅう》している場合も、子どもの選択肢《せんたくし》が制限され、自尊心《じそんしん》にとても大きな影響《えいきょう》を与えます。相対的な貧困状態にある子どもはおよそ7人に1人、ひとり親家庭の約半数が貧困状態にあるこの国で、貧困はけっして特別な問題ではなくなってきています。

こうした子どもたちを苦しめるさまざまな出来事は各家庭のなかで当たり前のことになっていて、子どもたちもずっと当たり前だと思っています。家という空間は閉じていて、外からは見えません。ひどい暴力などが起きて外から察知されない限り、自分の家で起きていることがおかしいのかおかしくないのか、なかにいる当事者だからこそ判断できなくなってしまいます。

——すごくひどいことでなくても、当たり前に思っているようなことでも、ダメージを受けていることもあるんだね。

はい。それに「なんだおかしいな」「苦しいな」と思ったとしても、家族から「これが当たり前なんだから、苦しいと思うあなたがおかしい」と言われてしまうこともあります。もしかしたらそれぞれの親も、苦しいけれど「これが当たり前だ」と言われる環境《かんきょう》のなかで育ち、夫婦それぞれの当たり前が足し算されて新しい当たり前をつくって、そこに子どもたちがいるのかもしれません。意識的ではないし自覚もないけれど、積み重なった加害的な「当たり前」のしわ寄せが立場の弱い子どもたちにいっている、ということなのかもしれません。

そういう環境でくらしている子どもたちは、苦しいことやイヤだと思うことがあっても、「これが当たり前」だと受け入れようとします。それは適応し生き延びるための術《すべ》です。ですが思春期に入って、知る機会と経験値が増え、世の中で起きていることを情報として取り入れはじめると、自分の家のあり方について、どういう状況《じょうきょう》かを理解できるようになっていきます。そして、「自分は苦しいんだ」と感じられるようになります。

たとえば、こども食堂に来たことを親に話したら怒《おこ》られたという子がいました。「なんでうちは外出がダメなんだろう。ほかの子たちはいろんなところへ遊びに行ってて、親から怒られることもないのに」というふうに、まわりと比べはじめて、ちょっとずつおかしいことに気づいていきます。「自分の家っておかしい」と思いはじめて、悩みとして打ち明けてくれるようになります。「おかしい」と思いはじめるのが、小学校の高学年くらいだったりします。思春期の入り口です。

ですが、「おかしい」「苦しい」と気づいても、状況を変えるのは簡単ではありません。

――そうだよね……。

たとえば、その子が幼いきょうだいの世話をしたり、他の家族のケアをずっと担っている場合、それによってその家の枠組《わくぐ》みが守られていることになります。その子にとっても、簡単に手放せる役割ではなくなっているのです。それに、これはとてもむずかしい問題ですが、ケアの役割を担っている子どもからすれば、その役割を担っていることが「親から必要とされている」という手応《てごた》えを得る手段にもなっているのです。

「私がこの家を支えている。その役割を手放したら、自分がこの家にいる意味がなくなるのではないか。必要とされなくなるのではないか」という恐《おそ》れもあるのです。かつてヤングケアラーだった子たちの話をきくと、「自分が担っている役割が当たり前だったので、遊べなくてつらいとか、バイトできなくてつらいとか、家で勉強できなくてしんどいなと思うけれど、それを『やめていいよ』と言われてもやめられなかったと思う」と話してくれる子が一定数いるのです。

家族に尽《つ》くす役割を担うことで親が喜ぶ、あるいは親の精神が安定するということもあります。自分がその役割を担っていないと親の精神が不安定になって、自分の安全が脅《おびや》かされる。だから自分自身を守るためにケアの役割を自分に課してしまうのです。

まわりの人の反応が、さらにその子たちを苦しめることもあります。子どもの権利について理解が広まっていない日本では、ヤングケアラーについての大人の反応は「あなたの、子どもとして当然の遊ぶ権利や学ぶ権利、自分の意見を述べる権利や守られる権利が侵害されているよね」ではなくて、多くの場合は「家族の犠牲《ぎせい》になってかわいそう」か、「家族を支えていてえらいね」かのどちらかに分かれます。

「かわいそう」、「えらいね」という言葉がヤングケアラーを追いつめる

――「かわいそう」とか「えらい」というのは上から目線で勝手に決めつけてるよね。

そうですね。「かわいそう」というまなざしは、子どもたちの自尊心を深く傷つけます。子どもたちは親から遊ぶ時間、学ぶ時間、自由な時間を奪《うば》われてケアの役割を担わされていたとしても、その親が自分を必要としてくれていると感じています。「かわいそうね」と言われると、自分が親からないがしろにされていることになってしまいます。

だからそう言われた子は、「かわいそうなんかじゃない。これが自分の役割なんだ」と、よけいにその役割に自分自身を縛りつけてしまうことになります。「かわいそう」を認めてしまうと、自分はかわいそうでみじめで弱い存在なんだということになるからです。

逆に「えらいね」と言われるのも、言われれば言われるほど、その役割から降りられなくなってしまいます。その役割から降りたら、えらくなくなるからです。

どんな権利が侵害されているかではなく、「かわいそう」か「えらい」という大人の反応で、子どもたちがその役割に固執するしかなくなってしまうのです。子どもたちも言います。「『えらい』と言われてもつらいし、『かわいそう』と言われても苦しい」と。どっちも「やめちゃダメよ」というメッセージにきこえるそうです。

子どもの権利の「守られる権利」のところで触《ふ》れましたが、家のなかでは、外では許《ゆる》されないようなことを親がしていることもあります。からかい半分で「ブスだなあ」とか「もっと痩《や》せたほうがいいぞ」と言ったり、「女の子なんだから、これくらいやりなさい」とお手伝いをさせたり、「男なんだからしっかりしなさい」と「らしさ」を押し付けたり、もしくは不機嫌《ふきげん》な態度を隠《かく》そうとせず怖《こわ》がらせたりなど、「それ、よその子には言わないし、やらないよね」ということも、親は平気で子どもに言ったりやったりしてしまっています。

ふつう大人は、会社の同僚《どうりょう》や部下にたいして、「最近太ったね」とか「お前、ブスだなあ」とは言いません。言ったらパワハラやセクハラという大問題になります。「女の子だからお茶をいれろ」とも言いません。昔はよくありましたが、それはあきらかな女性差別であることがようやく知れ渡《わた》ってきたからです。でも家のなかでは平気で言ってしまうんです。

なんで家のなかならいいと思うんだろう?

親子という関係にあまえているのです。でも、された方は当然傷つきます。傷ついて腹が立ったり、自尊心が削《けず》られて落ちこんだり、親が嫌《きら》いになったりするのは、まったく当たり前なんです。それなのに、ひどいことをされて当たり前に傷ついていても、それが親子という関係だと、「そんなことで」と軽んじられてしまって、問題にされません。

私の記憶のなかにもあります。父から容姿のことを言われたり、将来や成績のことについて言われて、それが本当にイヤで、「本当にお父さんイヤだ」と思って、どうしても父を避《さ》けるような態度を取ってしまったら、「なんだお前、反抗期《はんこうき》か」と言われました。私のなかでは「反抗期じゃない。あなたが私にたいしてひどいことを言ってくるのが苦しいんだ」と思っているけれど、反抗期という言葉が世の中にあふれていたので「ああ、これが反抗期なのか」と思ったりもしました。

でも、今でははっきり言えます。反抗期とか思春期とかは関係ありません。ひどいことを言ったりしたりする親にたいしてイラッとするのは、当たり前の反応です。言われて不当なことは不当です。親からひどいことを言われたことにたいして腹を立てるのは、けっして反抗期だからではないんです。

――原因をつくっておきながら、「反抗期だ」とか親が言ってくるのウザい。

はい。親からひどいことをされたり言われたりしなくても、成長していくなかで親とはちがう価値観が育ち、「お母さんのものの考え方は、私とはちがうな」「お父さんの考え方や価値観はなんかイヤだな。ちがうな」と思って、「私はちがう」と言えるようになっていきます。それは健全な成長であり、ただ意見表明をしているだけで「反抗」ではありません。ましてや不当な暴言・暴力や人格を否定するようなことにたいして腹を立てることは、家のなかで行われている弱い者いじめにたいする反応であり抵抗《ていこう》です。それを「反抗期だ」と言って、あなたの苦しみや怒りを粗雑《そざつ》に扱《あつか》ってよいものではないのです。

親が当然のように押しつけてくる価値観に苦しめられることもあります。

ある日、1人の子どもがこんな話をしてくれました。テレビで「学校での体罰《たいばつ》が禁止される」というニュースが流れたとき、親が「俺《おれ》たちが子どものころは、拳《こぶし》でなにが悪いかを教わった。それができなくなったら先生も大変だな」と言ったそうです。その子は学校で苦しい思いをしていて、親に話そうと思っていたけれど、ニュースにかんするそのひと言から親が暴力を肯定《こうてい》していると知ってしまったので言えなくなったそうです。

また、親が自分の子ども時代をふり返って、「自分は勉強はできなかったけれど、学校はぜったいに休まなかった。小学校、中学校と皆勤賞《かいきんしょう》（無欠席）だった。どんなにイヤなことがあっても休まなかったのが自慢《じまん》だ」と話しているのをきいて、「学校が苦しい。行きたくない」と打ち明けようとしていたけれど言えなくなってしまったという子もいました。その子は無理して通いつづけて、やがて教室に入れなくなり、保健室登校になって、それも苦しくなって学校に行けなくなってしまいました。

それを見た親は、「なんでもっと早く相談しなかったんだ」とその子に言うのですが、その子からすれば、「いやいや、言えるわけないよ」という状況です。

——ほんとだよね！

部活についての「親問題」もあります。

子どもの部活にものすごく一所懸命《いっしょけんめい》になる親がいます。熱心に子どもを応援《おうえん》するのは悪いことではありませんが、なかには自分のことのようにのめりこんで、子どもが練習を休むことをぜったいに許《ゆる》さなくなる人もいます。

こども食堂に、ものすごく部活をがんばっている中学生が来ていました。とても熱心だったので、私はその子が部活動をすごく好きなんだと思っていました。練習をとてもがんばっていて、週末には試合に出て、親も練習の送り迎《むか》えから試合の観戦と応援、チームへの差し入れなどで手厚くサポートしていました。

その子が中学を卒業して高校に入ったとき、また同じ競技をつづけるのかと思ったら、あっさりやめてしまいました。そしてそのスポーツの話をいっさいしなくなったのです。オリンピックや世界選手権がはじまっても、そのスポーツをテーマにしたアニメがはじまっても、ぜんぜん興味を示しませんでした。

高校に入った瞬間《しゅんかん》、その話題にかすりもしなくなりました。どうしたのかと思っていたら、「じつは部活はやめたくてしかたなかった。でも親がやめさせてくれなかったから、しぶしぶやってました」とぽつりと話してくれました。「親が盛り上がっているし、ぜったいやめるなと言うし、やめたあとの影響を考えたり親に説明することが面倒くさくて惰《だ》性《せい》でつづけてました。がんばってる姿を見せていれば親も機嫌がよいし、それにまわりからほめてもらえるので。苦しいけどほめられればうれしいし、でもぜんぜん楽しくないし、自分がどんな気持ちかわからないままつづけていました」と話していました。

私もそうですが、学生時代に部活動に打ち込んだ経験のある大人は、練習に苦しさしかなかったとしても、たいていの場合「やってよかった」と言います。しかし、その「よかった」が事実とは限りません。そのときはきびしい指導がつらくて、あるいは人間関係がイヤでやめたくてしょうがなかったかもしれません。でもそれを生き延びると、記憶を「よかった」と意味づけしてしまうのです。

大人は過去の苦しかった経験を「やってよかった」と意味づけしてしまう

――どうして?

ただつらいだけ、ただ苦しいだけでは、その経験の価値が下がってしまいます。だから「つらいけれど価値ある体験」にすり替えてしまうのです。生き延びたことだけ、耐《た》え抜《ぬ》いたことだけを基準に過去の出来事を評価する、一種の生存者バイアスと言えるでしょう。

それはしだいに「つらい経験には価値がある」と中身が変化して、子どもたちに苦痛を耐えることや乗りこえることを求めるようになってしまいます。

元バレーボール全日本代表選手の益子直美《ますこなおみ》さんは「怒られる指導を受けつづけたことによって（大好きではじめたバレーボールが）いつのまにか大嫌いになってしまった」経験から、子どもたちが参加する「監督《かんとく》が怒ってはいけない大会」を主宰《しゅさい》しています。これはとっても素敵な試みです。このようにイヤな記憶をイヤなまま持ちつづけて、子どもたちに受け継がせることを防ごうとアクションを起こすことができる大人もいます。ですがそういった大人は、じつは少数派なのかもしれません。

大人はみんな子ども時代を生き延びて大人になっています。子どものころには、じつは苦しいことがいっぱいありました。先生にきびしく怒られた、話をきいてもらえなかった、同級生からひどいことをされて学校が苦痛だった、いじめられた、部活の理不尽《りふじん》できびしい指導が本当にイヤだった……。でも大人になった私たちは、それらの苦痛を生き延びてきました。そして、ただ必死に生き延びたことをしばしば、「乗りこえて強くなった」と言い換えてしまう。

けれども、体罰もきびしい指導もただ無意味で、効果も価値もまったくありません。いじめだって、いい影響なんてまったくない。でも自分が経験してきた抑圧《よくあつ》や理不尽な扱いを、価値がないことにできないんです。それでは生き延びてきた努力に価値がないことになってしまうから。だから「体罰があったから成長できた」「いじめられたから私は強くなれた」「きびしい指導があったから、いま仕事がつらいけど耐えられる」というふうに、後づけで意味を探します。体罰やいじめという事実はそのままに、その意味づけがすり替わっていくのです。

――自分はそう思っても、子どもに押しつけるのやめてほしい。

そうですね。だから、大人の言う「きびしくされたけどよかった」「つらかったけど楽しかった」という言葉は、きく価値がありません。大事なのは、今・自分がどう感じているかです。「自分たちのころは」ではじまったら、「あ、この先は耳ふさいでOK」と、頭のなかで好きなボカロでも流しておけばいいと思います。「そういう時代もあったんだね」ということでいいんです。

2 「愛」を持ち出してくる大人には要注意

子どもを大事にするかどうかについて、「愛情」という、どんなものさしでも測れない要素が持ち出されることがしばしばあります。たしかに相手を愛おしく思う気持ちが、相手を大切にするという行動の原動力になることはおおいにあるでしょう。ですが「子育てには愛が必要だ」が一般化されてしまうと、子どもを大切にする行動ができているかどうかではなく、愛があるかないかというふわっとした話にすり替えられてしまいます。そして「愛している」を理由にさまざまな加害が見過ごされることにもなりえます。

虐待を説明する専門家のなかにも「(虐待は)愛情不足だから起きる」と発信してしまっている人がいます。「愛情不足」というのは、子どもにどう接するかという行動の話ではなく、愛情という見えないものの話です。行動は観察と評価が可能です。行動は修正し、変化させることができます。ですが愛情は観察も評価もできません。それが「不足」しているといっても、どのくらい不足しているか、どのくらいあれば十分か、測る尺度《しゃくど》も基準も存在しないのです。そんなあいまいなもので虐待を説明することはできません。

そもそも虐待は愛を理由に行われることが少なくないのです。「愛しているから」とか「あなたのため」と言いながら管理する。束縛《そくばく》する。きびしすぎるしつけをする。思い通りに育てようとしてそうならないと暴力をふるう。暴力や束縛といった虐待は愛情不足ではなく、むしろ愛が支配という形で表出してしまったものと言えます。愛と支配と暴力は、じつはとても近い場所にあるのです。

――愛情ってよくないものなの？

「愛してるよ」と言葉で伝え合うことは、悪いことではありません。ですが相手を大事にするという行動がともなっていることが大原則です。子どもにたいして、基本的な衣食住を与《あた》えること。その子の年齢に合った言葉で話しかけること。病気になったときにきちんと治療《ちりょう》を受けさせること。学ぶ機会、遊ぶ機会を提供すること。話をきくこと。子どもを肯定《こうてい》するメッセージを言語化すること。危害《きがい》を加えてくる存在から守ること。それらはすべて行動です。行動の問題が愛情の有無にすり替わってしまうと、行動として子どもを大事にできなくても、「でも愛しているから」という言いわけができてしまいます。「愛している」という言葉と不当な扱いを同時に受けつづけると、愛という名の呪《のろ》いにかけられてしまいます。ぞんざいに扱われても、不当な役割を押しつけられても、暴力や暴言を受けても、行動を拘束されたり制限されたりしても、それは「愛しているからだよ。お前が大事だからだよ」と言われたら、その言葉を引き受けるしかありません。その言葉を否定したら、「愛されていない」ことになってしまうからです。

子どもを大事にできないけれど子どもを愛している（と自分で信じている）親は山ほどいます。親だけでなく、「あなたを愛している」と言いながら、虐《しいた》げてくる人や奪っていく人もたくさんいます。あなたの親がそうかもしれない。もしかしたらこれから出会う、あなたの恋人《こいびと》がそうかもしれません。友だち関係もそうです。「親友だよね」と言いながら、ひどいことをしてくる人たちもいるでしょう。

くり返します。なによりも行動が大切です。その人が「大事だよ」「愛しているよ」と言ってきたとしても、その言葉よりも、自分にたいしてどんな振《ふ》るまいをしているかをよく観察してください。たとえ相手が、本気であなたのことを愛していると自分で信じていたとしても、愛などという見えない、触《ふ》れられない、観察できないものよりも、観察できる行動のほうが大事です。

だから、親でもだれでも、この人がしてくることはつらい、と感じることがあったら、あるいは将来そういった経験をしたら、観察できる行動のほうにフォーカスしてください。

観察できない愛より観察できる行動のほうが大事

やばい、大切にされていないと感じたら、離《はな》れたほうがよいかもしれません。

離れるって？

相手が親の場合、離れるのはむずかしいですし、家出をすれば未成年を搾取《さくしゅ》しようという大人が待ち構えている状況です。そのときはまわりの信頼できる大人を頼ってみてください。そういった大人に心当たりがない場合は、未成年の相談に対応する機関に連絡してみてください。本書の巻末にも相談先のリストを掲載《けいさい》しているので参考にしてくださいね（これらの相談先は虐待など深刻な場合でなくても相談にのってくれます。「相談するほどのことじゃないかも」というときも相談できますし、そういうときこそ話をしてみてください）。

暴力をともなう虐待や暴言、ネグレクトをしてくるわけではないけれど、「あなたを愛しているから」「あなたのため」と言いながら、じわじわと苦しめてくる親もいます。教育も受けさせてくれるし、ちゃんと食事も出してくれる。暴力も振るわない。家事や家族のケアなどをさせられるわけでもない。けれども苦しめてくる親。子どもに依存してくる親。子どもが離れるのを許さない親。支配してくる親……。

「なんかおかしい」と思ったら、その「おかしい」という気持ちをとにかく大事に育ててほしいのです。日本には家庭で十分なケアを受けられない子どもを守る仕組みが十分とは言えませんがあります。ですが暴力や性暴力を受けていたり、食事を食べさせてもらえないなどのネグレクト、度重なる暴言などのいちじるしい虐待がないと、親から離れて保護を受けることはなかなかできません。

だからといって「おかしい」「親がつらい」という気持ちが生まれてきたのなら、その気持ちまで否定する必要はないのです。「親は自分を愛してくれているんだから、おかしいなんて思ってはいけない」などと自分に言いきかせる必要はありません。「おかしい」という気持ちを、虎視眈々《こしたんたん》と育ててほしいです。

そうやって「おかしい」という気持ちをちゃんと自分のなかで育てていると、たとえ成人するまで親から離れられなかったとしても、機会を得て離れたときに、「おかしな親から離れられて万歳《ばんざい》。自分はよくやった」という気持ちになって、その気持ちがそれからのあなたを支えてくれます。

「育ててくれる親を『おかしい』なんて思ってはいけない」という気持ちのまま親から離れると、今度は「育ててもらったのに親を捨ててしまった」などの罪悪感にとらわれてしまって、親とのあいだに心理的にも物理的にも適切な距離がとれなくなってしまいます。

今は手立てがなく逃げられない、どこにも行けない、苦しい。だけど、親といっしょにいるとつらい、親の言うことはおかしい、イヤなことをされた、これは不当だと思うのなら、せめて、その気持ちを親から離れるときまで大事にしてほしいと思います。

そして、「親、おかしいよね」ということを肯定してくれる人と出会えるならば、きっと助けになるはずです。友だちでもいいし、先輩《せんぱい》でもいいし、親以外の大人でもいい。「その親はおかしい。ありえない。それはダメだわ」と言ってくれる人と出会えたとしたら、その人は心強い相棒《バディ》になってくれます。

――そんな人に出会えるのかな？

もし同じ境遇《きょうぐう》の人に出会えれば、わかりあえるし、悩みを共有できるかもしれません。ですがそうでなくても、あるいはむしろ親からのおかしさを浴びる量が少ない子ほど、「おかしい」というものさしを大事にできている場合があります。「うちの親はそんなこと言ってこない。おかしいよ」と言ってくれます。

同じ経験をしている仲間とのつながり、「おかしいよ」とピシッと示してくれる子とのつながり、どちらにしてもあなたの「おかしい」という気持ちをちゃんと支えてくれる、肯定してくれる、「ＯＫだよ。それでいいんだよ」と言ってくれる子を見つけることができれば、力になると思います。

ただ、注意も必要です。「親には親なりの事情があって……」と言う大人の言葉はいっさいきく必要がありません。その人は付き合わなくてよい相手です。さらに注意が必要なのは、「そんな親のところにいないで、うちにおいでよ」と自宅に泊《と》めようとしてくる大人です。まっとうな大人は、未成年であることを知りながら保護者の同意なく自己判断で家に呼び、泊めるようなことはしません。それが犯罪《はんざい》（未成年略取《りゃくしゅ》あるいは誘拐罪）にあたることを知っているからです。

親がつらいとしても、そこから逃げだすことは簡単ではありません。親から逃げるのをむずかしくしているものの1つは、子どもを親の管理下にとどめておこうとする社会の仕組みです。私自身の経験でも、親からひどいことをされている子を今すぐに助け出したいのに、親の同意がなくてどうすることもできなかったことは数え切れません。

それでも、そういう仕組みを変えようという動きは少しずつはじまっています。2023年4月に発足したこども家庭庁では、子どもの声を直接きいて政策に反映しようとする動きもあります。世の中の仕組みだからこそ、人の努力で変えていくこともできるのです。

子どもの経験値の低さがいいように利用されている

わださん

K　ではお名前と年齢を教えてください。

W　わだです。15歳です。

K　今この本とインタビューの趣旨《しゅし》を説明しましたが（28ページののぞこさんへのインタビュー参照）、率直《そっちょく》にどう思ったか教えてくれますか？

W　思春期って定義自体がめちゃくちゃあいまいですよね。

K　わださんは思春期ってどんなものだって理解していますか？

W　めっちゃ苦労する時期。自分を知る時期。

K　苦労するというのはどんなことかきいていいですか？

W　なめられてる。

K　なめられてる？

W　社会からなめられてる。なにを言っても「子どもの言ってること」っていうフィルターをかけられる。どんなに筋道《すじみち》立てて理由を説明しても屁理屈《へりくつ》扱《あつか》いされて、まともにきいてもらえない。

K　さっき思春期の定義があいまいだって言ったけれど、それはどういうことですか？

W　でかすぎる。小学校高学年から高校生までって、マジで範囲《はんい》でかすぎる。身体もちがう、知識量もちがう、経験もちがう。ものの見方も感じ方もちがう。ひとつにまとめられるとは思えない。思春期っていったいだれがなんのためにつくった言葉なんだろうって思います。

K　たしかに身体が大きく変化していく時期ではあるけれど。

W　そういう身体的な変化についての、たとえば医学的な分類みたいなので理解が進んでいくのはいいんですけど、たとえば親とか教師とかが子どもと向き合うのが面倒《めんどう》くさくて使ってることのほうが多いように思います。少なくとも、教育の話をするときに安易に使ってはいけない言葉だと思います。

K　思春期だからといって、そのときに抱《かか》えている悩みはだれだって、それこそ大人だって同じ経験をしたら苦しいはずです。

W　そう思います。そのなかでも思春期のつらさがあるとしたら、自分の場合は中学校に入っていきなり空気が変わったこととかです。突然教師が高圧的になった。

K　同じことを言う子は多いです。でもそれは思春期のせいじゃなく、教師の側の問題ですよね。

W　うん、思春期だからじゃない。思春期のしんどさについて言えば、権利が認められていないってことだと思う。

K　どういうことですか？

W　自分のことを自分で決められない。なのに守ってもらえない。資本主義のなかで大人に利用される。整形の広告なんかがそう。中学高校生をターゲットにしていることをだれも問題にしない。子どもはなにも知らないから、判断できないからって決める権利を奪《うば》っておいて、それなのに利用しようとする。

（若年の整形やその広告が）海外では問題視されはじめてるのに、日本はむしろ逆張《ぎゃくば》りしてる。変わる気配がないのがしんどい。子どものなにも知らなさ、経験値の低さがいいように利用されてるように思います。市場《しじょう》として。若さも利用されてる。若いって素晴らしいからもっとかわいくなろうよ、楽しもうよって。

　未熟だってしておきながら、守ろうとしない。未熟さがいいように消費されてると思う。それがめっちゃ気持ち悪い。

K　まわりの同年代で整形している人はいますか？

W　めっちゃ増えてます。友だちにもけっこういる。完全に子どもがターゲットになってるって感じる。大人のインフルエンサーがSNSで整形しました、人生変わりました、みんなもしようって言うのがつらい。すごく無責任。

K　大人が無責任だって感じること、ほかにもありますか？

W　ありすぎます（笑）。子どもは未来とか、子どもは希望とか、勝手に期待しないでほしい。しかもそういうこと言うのは選挙のときだけ。子どもに期待する前に大人が変われよって思う。ロールモデルにできる大人があまりにも少なくてどう生きていいかわからないのに、未来とか希望とか言わないでほしい。変わっていく、世の中を変えていく大人の姿がないと、どう生きていいかわからない。
　子どもの声をききましょうと言ったり、子どものためにって言うけれど、そこで出てくる子どもの声にピンとこない。大人がきける声だけきいてる。困っている子、マイノリティの子たちの声は数が少ないことを理由にきかれない。大人のイメージから外れた子どもの存在がなかったことにされている。たとえば性的マイノリティの子たち。実在するのに、いないことにされている。男らしさや女らしさってイメージから外れた人を見ようとしない。

K　そういう、ある意味大人の欺瞞《ぎまん》に気づきはじめるのが思春期で、だから大人にとって厄介《やっかい》でむずかしいんでしょうね。

W　反抗期《はんこうき》って言葉があるけれど、そりゃ反抗期になるよって思う。だって知りはじめるんだもん、賢《かしこ》くなるんだもん。大人やばくない？　ちがくない？　って気づく。それで大人とゆっくり話し合えればいいんだけど、反抗期ってくくられて話をきいてもらえない。見下してくる。「反抗期だしね、そういう生意気なことを言いたくなる時期だよね」って。

K　おかしいって思うことやつらいことを、ただおかしいよ、つらいよって言ってるだけなんですよね。むしろやっと言えるようになった。

W　そうそう。なんて言ったらいいかわからなかったことが、やっと言えるようになった。でもやっと言えたら反抗期とか思春期って言葉で叩《たた》き落とされる。

K　反抗期だって、だれかから言われたことありますか？

W　あります。理由があってイヤだっていったことを、反抗期なのねってきいてもらえなかった。くやしかった。ちゃんと理由があるのに、それはぜんぜんきいてもらえない。理由がないのにわがまま言ってるって思われる。イライラします。

K　理由があって言ってるのに、なぜか大人は反抗されてるっていう認識なんですよね。

W　大人が子どもを見下してることからすべてはじまって、広がっているんだと思う。子ども側に原因があるとは思えない。

K　私も子どものころ同じように感じてました。だから自分が大人になったらぜったいに同じことを子どもにしたくないって思ってました。

W　わかるー。自分も、自分がもし親になったら自分の親よりもずっとよい子育てできるって自信があります（笑）。

K　でも、されてイヤだったことをくり返しちゃう大人が多いんですよね。

W　それこそ「反抗期」とか「親への感謝」って呪《のろ》いのせいだと思う。せっかく子どもにくり返さないチャンスがあるのにぶちこわす。子どものころされてイヤだった記憶を塗《ぬ》り替《か》えてしまう。

K　人は苦しい体験をすると、もう同じことは経験したくないとも思うし、あの苦しさがあってよかったという意味づけをしようともします。その経験が無価値になることのほうがずっと恐《おそ》ろしいことだったりするので。

W　だから変わるチャンスを逃《のが》してしまうんだと思う。

K　親への感謝って、いろんなところで仕掛けられてますよね。

W　ほんとそう。そして別じゃん？　って思います。

K　別、というのは？

W　感謝ってつまり育ててくれてありがとうとかですけど、衣食住は親が与《あた》えて当たり前。当たり前に与えられないときは与える力のない側に問題があって。

K　そのときは、与えられない大人がサポートを受けなきゃいけない。

W　そうです。だから衣食住って当たり前のものにたいしては感謝すべきじゃない。言うことをきかせるための取り引き材料じゃない。こういうこと言うと、またひねくれてるとか屁理屈だって言われるけど。

K　じっさいにそう言われる？

W　言われます。言うんですよ、だって図星なんだもん（笑）。見下してる子どもから図星をさされるから、都合悪くて屁理屈扱いしてくる。でも自己主張しない子どもがいたら不安に思ってほしい。それはもう、大人をあきらめてるってことだから。

K　子どもどうしの関係でつらいな、困ったなって思うことはありますか？

W　子どもどうしでもいろいろあります。でも子どもどうしで起こるトラブルってほとんどの場合大人のあいだでも起きてることですよね。子ども特有じゃない。大人どうしだってさんざん傷つけあってる。子どもよりひどいくらい。子どもどうしの関係でつらいなって思うのは、すごく差があるって感じるとき。

K　差っていうのは？

W　視野の広さ、知識の差。知らないからナチュラルに差別的なことを言って傷つけてきたり、フェイクに振《ふ》り回される子たちがいる。そうじゃない子もいる。その差がつらいし、それは子ども個人の資質のちがいというより周囲にどんな大人がいるか、家の経済力がどうか、どんな地域でくらしてるかっていう差。

だからよけいにつらい。ネット上にはフェイクや差別をまき散らす大人がたくさんいる。そのよくない影響《えいきょう》をダイレクトに受けるか、それとも防げるかは、環境《かんきょう》による差だと思う。これも子どもの問題じゃない、大人の問題。

子ども特有の悩みってされてるもの、たとえばルッキズムとか、らしさの押し付け、不登校なんかはたいてい近くにいる大人がちゃんときいてあげれば楽になる。でも思春期、反抗期って言葉が子どもの声をきくことをじゃまする。思春期、反抗期ってラベルを貼《は》ることで大人と子どものあいだに距離《きょり》ができてしまう。大人も苦しいはずなのに子どもだけの問題にされてしまう。だから世の中がなかなか変わらない。

K　ルッキズムとは、つまり世間が認める美しさや痩《や》せていることに価値があるとして、外見で差別する思想ですね。

わださんは私たち大人はどうあるべきだって思いますか？　あるいはどうあってほしい？

W　うーん、自分は強い生き物だって思わないでほしい。大人は強いって思い込むと、子どもを見下すことになって、子どもの声がきけなくなる。子どもと対等にかかわって子どもの声をきくためには、大人が、大人は強くなきゃいけないというイメージを捨てることが大切だと思います。強くなきゃいけないっていうのを捨てたら、やり直しができる世の中になると思う。そういう世の中にしてほしい。

K　やり直しができるっていうのは？

W　思春期の悩みがあるとして、ひとつが進路の悩みだと思うけど、たった十数年しか生きてないのに将来を決められるわけないじゃない。でもやり直しができないっていうプレッシャーが悩みを深くしてる。

やり直しが簡単にできる世の中になったらいいし、そのためには大人が弱さを受け入れる必要があると思います。大人にとってもそういう世の中のほうがずっといいんじゃないかなと思う。そして苦しいことを自分のせいだって抱《かか》え込まないで、世の中のせいにしたうえで変えていく、そのほうがずっと責任ある態度だと思う。

どんなところにも、（私たちを傷つける）地雷を踏む大人いてがっかりします

インタビュー

さくやさん

さくやさん

K　お名前と年齢をおしえてください。

S　さくや、17歳です。もうすぐ18歳になります。

K　この本が出るころには成人してますね。

S　してますね。子どもじゃなくなる。

K　どうしてこの本を企画したのかについて、率直にどう感じましたか？

S　今、リアルで思春期のなかにいる私たちは「思春期だから」って言い方はしないなって。大人しか使わない言葉だと思う、思春期は。
　ただ、リアルで思春期のなかにいる私たちにはいろんなつらいことがあって、そのつらいことに向き合うのはきついんですよね。なんとなくのモヤモヤだったり、理由はあるんだろうけれども今はまだわからない。そういうつらさを抱えたときに「思春期だから」って棚上げできる。大人になれば大丈夫、いずれ終わる、と希望を持たせることができるのかなと思います。

K　棚上げできるっていうのは？

S　自分だけが直面してる問題じゃないって思える。そして時間が経てば終わるって思える。だって思春期って、時期の問題だから。つらいことって全部が全部向き合ったり原因を探ったりしてなんとかなるものじゃないから、向き合えないときに思春期って言葉は救いになる場合があるのかもしれないって思います。

K　時間が経てば（つらさは）終わるのかな？

S　うーん、終わらないと思う。でも大人になれば切り抜ける術《すべ》が見つかるかもしれない。今私たちは思春期で、未熟だから対処できないけど、大人になれば切り抜けられるかもしれない。

そう希望を持たせる言葉ではあるかなって思います。思春期って。

K　では大人はどんな目的で思春期という言葉を使うんでしょうか?

S　大人も同じ。うまく対応できないから使うんだと思います。

K　うまく対応できないというのは、なににたいしてですか?

S　子どもたちが直面しているつらさに。子どもたちがなにに直面してるかを見ようとしない、したくない、対応できないから「思春期」という言葉をつかう。思春期のせいにする。

K　大人はどうして子どもたちのつらさに向きあおうとしないんだと思いますか?

S　うーん、自分たちが子どもだったころに、つらくてもだれも助けてくれなかったからじゃないかな? たぶん、大人も自分たちが思春期だったときに、つらいことを「思春期だから」と流されて向き合ってもらえなくて、そして大人になったらなったで、きっと大人なんだから耐えなければ、大人なんだから耐えられるはずだっていうプレッシャーがあって、そうやってつらさをだれにも汲《く》まれなければ子どものつらさを汲めるようにはならないと思う。だから子どものつらさを「思春期だから」って流す以外の術を知らないんじゃないかな。そうやって問題を先送りしている。無責任だって思います。

K　そうやって先送りにされた問題とは、たとえばどんなことでしょう?

S　いろんな偏見。性差別や出自による差別、ルッキズム、ジェンダーの抑圧とか。思春期って言われる年齢になると、知識が増える、疑問も増える。他人からの目線に敏感になるし、自分にも他人にも興味が出てくる。そして世の中の物差しを知ります。なにがかわいいって言われるか、なにがきれいとされるか、なにがよいか、なにが悪いか、なにが期待されているか。男らしさとか女らしさ。女の子だと生理とか身体の変化に戸惑ったりイヤになったり、性的な目線が苦しくなったり、身体の変化へ違和感を持つ人もいる。そして自分がまわりからどう評価されるのか知ってしまう。そうすると苦しくなるんだと思います。

K　それは成長のプロセスではあるけれど、その過程で苦しさがあるのならそれは世の中の物差しに理由があるのだと思います。

S　そうですね。苦しいのは自然なことだと思います。だって苦しめるものがあるから。それを思春期ならではの葛藤《かっとう》とは言えないし言いたくないです。物差しのほうに原因がある。そして思春期だけの苦しさじゃなくて、同じことで大人も苦しんでるんだと思います。

でも思春期という特性もあるとは思います。まず身体の急激な変化に心が追いつかなくて苦しくなる。そして視野が広がって、葛藤の入り口に立ってる。葛藤にまだ慣れてなくて、自分の葛藤に振り回されて、モヤモヤしたり行動が不安定になる。けっして思春期だからとか思春期が原因とかじゃないけど、自分の葛藤に対処することがまだむずかしい。それを「思春期」と言われるのだと思います。

K　大人はどうあるべきだと思いますか？

S　大人も子どもも関係ないけど、世間がつくっている物差しにたいしてアクションしてほしい。たとえば容姿で苦しんでる子がいたら、「かわいいよ」と慰《なぐさ》めるんじゃなくて、世の中の物差し、だれかの容姿をジャッジする方がおかしいって態度を表明してほしい。私ならそうしてほしいです。

K　かつて思春期のときに苦しんでいた大人は、なぜ自分がされて苦しかったことをくり

返してしまうのだと思いますか？

S　傷ついたからといって他の人の気持ちがわかるわけじゃないってことじゃないかな。苦労は買ってでもしろというけど、苦労した経験で人にやさしくなれるならもっとやさしい世の中になってるはず。苦しみは苦しみにしかすぎなくて、やさしさの種じゃない。苦労をやさしさに変えることができるのは、苦労と同時に出会いや機会、運に恵まれた人だと思う。

　なかには苦労したからこそ人にきびしくなったり、逆に自分を守るために強い側にすり寄ってだれかを差別したり傷つけたりする人もいる。私が出会う大人は限られてるけど、ほとんどの大人がそうだと思う。どんな場所でも、それこそこども食堂でも、（私たちを傷つける）地雷を踏む大人がいてちょっとがっかりします。

　思春期って、消費の対象になってると感じます。広告、小説や漫画、さわやかなボーイミーツガール的な。たとえば清涼飲料水の広告とか（笑）。苦しいから芽生える友情、葛藤やゆらぎ、反抗からの成長。どれもキラキラしてて、ぜったいに大人を脅《おびや》かさない。大人の鑑賞の対象なんですよね。すごいキモい。それって若い女の子に向ける性的な目線と重なってるって感じます。日本のアイドルたちが有名になって売れてくる年齢がまさに思春期と重なっていることともつながると思う。気持ち悪い。鑑賞対象として消費される気持ち悪さが、私が思春期という言葉を嫌《きら》いな理由のひとつです。

K　身近な大人が思春期という言葉を使ったのをじっさいにきいたことがありますか？

S　あります。すぐに反抗する子、大人に意見する子、つらいときにつらいって言って泣ける子、感情を出せる子、学校イヤだって言える子にたいして、中学校のときの担任が「思春期だからね」というのをききました。

K　その人はどんな大人でしたか？

S 自分が子どものことをわかってると思い込んで、自分のやってることは正しいって言い張る大人でした。とにかくダメ出しが多かった。あれもダメこれもダメ。でもダメな理由は言えない。意味のないルールを押し付けてきて、理由をきくと「ルールだから」としか答えないんです。「なぜそのルールなんですか?」「ルールだから」って会話がループする、そんな感じ。でも自分が正しいって信じてるから私たちの話はきかないし、意見しても「私は子どもたちのためにこんなにがんばってるのに!」って被害者マインドになる。

K **対話にならない。**

S ぜんぜんならない。きいてくれない。きいてくれない大人に「思春期だから」って言われても、納得できるわけないですよ。大人には、思春期という言葉を慎重に使ってほしいです。葛藤は抑圧するなにかがないと生じないから。必ず抑圧してくるものがあるんです。大人が対応しなきゃいけないのは思春期の子たちの心のなかにはない、私たちのまわりにあります。容姿をジャッジするな、性的に消費するな、理不尽なルールやめろ、いじめ暴力虐待なくせ、です。思春期はいろんな気づきがはじまる時期です。おかしなことやイヤなことに、おかしい、イヤだと思えるようになる時期。大人が向き合うべきは、おかしいって感じる私たちじゃない。おかしなことやイヤなことにたいしてです。

K **環境、ということでしょうか。**

S そう、環境。環境がしんどいんだよって、そう理解してほしいし、私たちにそう教えてほしい。あなたをつらくさせる環境があるよって。その環境を変えるためのどんな手段があるのか、相談できる人がどこにいて、どんな制度があるのかを教えてほしいです。

第4章

私が苦しいのはなぜ？

1 自分が嫌いだとしたら、それはまわりのせいかも

思春期は、「私ってなんだろう」と考えはじめる時期で、「私ってどうありたいんだろう。どうあるべきなんだろう」と悩《なや》んだり、自分が思い描《えが》く自分と今の自分とがイコールでないことでモヤモヤする時期だと言われています。でも、そういった悩みはべつに思春期特有というわけではありません。大人になってからもつづきます。

――そうなの？

はい。自分が自分をどう思っているのか。自分で自分をどう評価するのか、という問題は、大人になっても、ことあるごとに直面します。

私たちはいろいろな人とつながりながら生きています。つまり、完全に自分だけのまな

ざしで自分自身を見ることはできません。私が私であると思っている私というのは、まわりの人からの言葉やまなざしでつくられているのではないかということです。

私はスクールソーシャルワーカーとしてよく学校に行きます。そのときに子どもたちの様子を見ていると、休み時間に1人で本を読んでいたり、1人で絵を描いて過ごしている子がいます。その子にとっては1人でそうしていることが幸福そうに見えるときでも、先生やまわりの子たちが「1人で本を読んでないで、外でみんなで遊びましょう」とか「〇〇ちゃんを仲間はずれにしたらかわいそうだから」と、その幸福な時間を奪《うば》うような働きかけをしているところをたまに見かけます。

これは、「1人でいるのはかわいそうだ」という価値観の押《お》し付けです。1人が心地いい子にしてみれば困ったことです。でも「みんな仲よく」が素晴らしいとされる学校の文化の中では、そういった価値観が育ちやすいのです。

また、新型コロナウイルスの感染拡大により、2020年から給食は黙《だま》って食べる「黙《もく》食《しょく》」が実施されてきました。コロナ以前は席の近い人どうしで班《はん》になって、向かい合っておしゃべりしながら給食を食べていたのを、みんな前を向いたまま黙ってごはんを食べるスタイルが数年間つづいています。このことについて、「子どもたちはおしゃべりをがまんしている。それは子どもの発育によくないんじゃないか」と言う大人がいます。

「黙食でホッとしている」という子もいる

じつは、ちらほらときこえてくるのが、「黙食でホッとしている」という子どもたちの声です。もちろん全員ではありません。ただ、とくに親しくもない、たまたま席が近くなった人たちと向かい合って、おしゃべりに加わらないと「陰キャ」だと思われてしまう空気のなかで食べるのが苦しい、「食事くらい1人で食べさせて」という声も一定数あるのです。おしゃべりしたい子もいる、だれかといっしょに食べたい子もいる、1人では寂《さび》しい子もいる。ですが1人で食べるのが心地いい子もいます。家庭では家族といっしょに食べることが楽しくても、学校では「みんなでいっしょに」が苦しい子もいます。

なのに、大人の目線で「子どもはみんなでワイワイおしゃべりをしてごはんが食べたいはずだ」と決めつけられ、「それが子どもの発育によいはずだ」と結論づけられます。だから「黙食はよくない」となってしまいます。黙食に反対する大人は、「黙食はつまらない」「給食くらい楽しく食べさせてあげたい」「子どもの将来が心配だ」と言います。

ですがこれはすべて大人の意見です。黙食がつまらないのも大人、楽しく食べさせてあげたいのも大人、心配しているのも大人。ここに、当事者である子どもの声はありません。

1人で食べたい子にとって、みんなで食べるのは心地よくありません。心地よさが感じられないのに「よいことだから」と押し付けられることが、はたして子どもの健康、とくに心の健康によい影響《えいきょう》を与《あた》えるでしょうか？

――たしかに。

1人でいたい自分がいたとしても、「1人でいることはかわいそうである」というまわりからのまなざしや「1人でいるのはよくない」という大人のジャッジが入ってくると、「私は1人でいて快適」のはずなのに、「1人でいる自分はみじめなのかな」「1人でいる自分はダメなのかな」と、どんどん自分を疑いはじめます。まわりからのまなざしやジャッジで、自分のことが嫌《きら》いになってしまうこともあります。それはとても残念なことです。

じつは私もそうでした。小中学校のときに、班で給食を食べるのがすごく苦手でした。小学校のときにいじめられて、それからずっとクラスに馴染《なじ》むことができなくなりました。自分にとって心地いいわけではない空間で、信頼できるわけではない人たちといっしょに食事をし、楽しくもない話をすることが、本当に苦痛でしかたなかったのです。

中学校のとき、月に2回、土曜日に半日授業があり、その日はお弁当の日でした。お弁当の日は班ごとにではなく、自由に好きな人といっしょに食べるきまりでした。私が1人で食べようとすると、「麻里香さんは1人よ。だれか入れてあげてよ」というザワザワがはじまるのです。「麻里香さんは1人だからかわいそう。入れてあげて」と。内心は「放っといて！」なんですが、かわいそうだと思われるのも苦しくて、自分もみじめになるし、それが苦痛で「いっしょにまぜて」とお願いしなきゃいけませんでした。

――それは……。

本当に苦しくて、家に帰ると泣いてしまうほどでした。これも「1人で食べるのはみじめでかわいそう」という価値観、他者のまなざしによって生じた苦しみです。

このごろ、自分の容姿や体型がすごく気になって嫌《きら》いになってしまい、自分の顔が醜《みにく》いと信じて恐怖《きょうふ》から人と会えなくなったり、過度なダイエットをしてしまう心の病気（醜形《しゅうけい》恐怖症《きょうふしょう》や摂食障害《せっしょくしょうがい》と呼ばれます）になる子たちが増えてきています。これも、ただ自分で自分の容姿や体型が嫌いになったということではないと思うのです。

この世の中のいたるところに「痩《や》せていることに価値がある」という情報が氾濫《はんらん》しています。だれかの容姿をけなすような言葉、逆に称賛する言葉が、日常でもネット上でもあふれています。昔からずっと、美しいことは素晴らしいとされてきました。しかしその美しさは多様ではありません。こういう顔、こういうバランスの顔立ち、こういう髪の毛、

美しいことを称賛する情報があふれていて自分が嫌いになってしまう

こういう体型が美しいという型があって、その型にはまらないと価値がないというメッセージがあふれています。そのような情報が鏡になって、自分が嫌いになってしまうのではないでしょうか。

こんな容姿の自分はイヤだ、こんな体型の自分はイヤだと無理なダイエットをして病気になってしまったり、他人の視線が気になってひどく落ちこんだり、整形手術をしたくてたまらなくなってしまったり、何度整形しても理想どおりの顔にならなくて苦しかったりするような、そういう病気になってしまうときに、それはその人の病だとされるけれど、じつは社会の側、世の中の側に病があるのだと思います。

だから、もし自分で自分のことを嫌いになってしまったら、それはあなたがあなたを嫌いなのではなくて、まわりからいろんなネガティブな言葉や不当な言葉を浴びた結果ではないかと疑ってほしいのです。

それは容姿にかぎりません。どんな理由であっても自分で自分を嫌いだと感じたり、消えてなくなってしまいたいと思ったら、その「嫌い」は本当に自分が自分を嫌いなのか、という疑問を引っ張り出してほしいのです。もしかしたらまわりから「お前はダメだ」「お前のここが悪い」という否定的なメッセージをいっぱい浴びてしまった結果ではないか、と疑ってみてほしいのです。

それは直接あなたに向けられたメッセージではないかもしれません。さまざまな広告、報道、SNSでの知らないだれかの言葉、インフルエンサーの自信に満ちた強い言葉、それらのなかにも自分で自分を嫌いにさせるメッセージがたくさんあり、とくに心が疲《つか》れてしまっているときにはそのすべてが自分に向けられているように感じてしまうのです。

――自分が好きって思ってる人ってどれくらいいるんだろう？ 自分ってダメなところがいっぱいあると思うけど、まわりからのメッセージに影響されてるのかな。

だれでも影響を受けていると思います。とくに子どもは家でも学校でも、あちこちで評価される対象です。成績がつけられて、「あなたはこれが得意です」「あなたはこれが苦手です」というように評価されます。自分でなにが得意か、なにが好きかを見つける前に、まず他者から評価されるのです。

家でも学校でも子どもはあちこちで評価される対象

小学校の成績表などには、勉強の成績だけではなく「明るくて元気な子です」とか「思いやりがあります」とか、先生からどんなふうに見えるのかが書きそえられていたりします。たんに成績だけではなく、日ごろ見えている子どものよい部分を家庭に伝えよう、成績だけじゃない評価をしようという、子どものためを思った工夫なのでしょう。ですがその評価は、先生がたまたま目にしたその子の行動から、「この子はこういう性格なんじゃないか」と想像したものにすぎません。

人がだれかを「この人はこういう人なのかな」と評価する基準、ものさしは行動です。その人の行動から「こういう性格だろう」と推測し、評価するわけです。これは大人どうしでも変わらないと思います。行動を評価するためには、継続的《けいぞくてき》なかかわりと注意深い観察が必要ですが、多忙《たぼう》な先生は子どもたちの様子をずっと見ているわけではありません。なので、たまたま目に入った行動で「思いやりがあります」とか「活発です」などと評価することになります。でも、それによってその子にたいして「あなたはこういう性格」と決めつけることになってしまいます。

たとえば「この子はこういう場面でこんな行動をしました。その行動は素晴らしいと思います」というのであれば、「あなたはこういう子」という決めつけにはなりません。それは観察の描写《びょうしゃ》と感想です。けれども「この子はこういう行動をしていました。とてもやさしい子です」とか「とても活発です」などとその子の性格を表す言葉で断定的に評価すると、それは性格を決めつけることになります。

その評価を見て「あ、私は先生からはこう見えてるんだ。じっさいはちがうんだけどな」と、納得しない場合も多いでしょう。でも「大人から期待される自分」がどんな自分なのかは察知できます。「自分は大人からやさしくあることが求められてるんだな」「活発であることが期待されているんだ」「リーダーシップが求められているんだ」などとまわりからの期待がわかると、人は自然とそれに沿う自分になろうとしてしまうものです。でも、「まわりが期待するからこうあらねばならないんだ」と自分を追いこんだり、「こうあらねばならないのに、なかなかできない」と感じると、苦しくなってしまいます。

だれでも自分のことを好きになったり嫌いになったりすると思います。ずっと好きなわけでも、ずっと嫌いなわけでもなく、スイッチはつねに入れ替《か》わっています。ですが、とくに嫌いのスイッチについては、まわりからの期待や「あなたってこういう人だよね」という決めつけを引き受けて、その期待に応《こた》えようとしたり、決めつけが苦しくなって入ってしまうことがあります。

だから自分を嫌いになったとしても、それは自分が自分のことを嫌いというよりは、まわりの期待に応えようとして苦しいのかなと思ってください。そのくらい大人は贅沢《ぜいたく》な注文をつけてきていますから。

――先生じゃなくても、みんなから思われてるキャラが気になって図書館で借りたい本が借りられないとかある。

そういうことありますよね。「こんな本を読んでいるとわかったら、みんなから『キャラじゃない』とか言われるだろうな」とか。まわりからのまなざしで、自分の好きなものを「これが好きなんだ」と言えなくなってしまう。そうするうちに、だんだん自分でも自分の好きなものがなんだかわからなくなったりすることもあります。それはとても残念だし、つらいことだと思います。

仕事で学校をまわっていると、いろいろな男の子たちに会います。第1章で、学校での「有害な男らしさ」のなかで傷ついたり、しんどいと思う子たちがいるという話をしましたが、学校で「男子のノリ」に適応している子たちと出会って気づいたのは、集団から離《はな》れて1人になったときと、集団のなかにいるその子は、ちょっとちがうということです。

集団になるとマッチョなノリで下ネタを炸裂《さくれつ》させてみたりイキってみたり、乱暴なコミュニケーションをする子も、ポツンと1人になったときに話をすると、じつはそれを心地いいと感じているわけではなかったりするのです。みんなには言えないけど別のものが好きなんだ、ノリがつらいんだ、ということがポロッと出てきたりします。

それぞれの子どもたちにとって必要なのは、もっと1人で過ごす時間なのではないでしょうか。「仲よくしなければならない」「団結しなければならない」という「呪《のろ》い」の話もしました。とくに運動部や吹奏楽部、合唱部などでは「団結」することが求められます。そういう圧力のなかで、本来の自分とみんなといる自分がバラバラになって、苦しんでいる子もいるんじゃないかと思います。

バラバラなままだと苦しいから、マッチョな集団から離れようとする子もいます。逆に1人でいるときの自分をどんどん心の隅《すみ》に追いやっていって、マッチョなノリの自分が本当の自分なんだと必死で自分を洗脳して、結果的に有害な男性性の強力な呪いを自分にかけてしまっているように見える子もいます。

そういう意味でも、学校でも家でもない、学校と家の間にあるような場所が必要なんだと思うのです。

――どういうこと？

まわりにあわせなくていい場所がすごく大事

家にいる自分でもない、学校にいる自分でもない、だれかの子どもでもないしだれかの生徒でも先輩《せんぱい》でも後輩でもない。何者でもない自分でいられる場所。だれかの期待にこたえたり、まわりにあわせなくてもいい場所ってすごく大事だと思うんです。「何者でもない、1人の自分」になれないまま、いつもどこかに所属していて、そこで求められる役割を担い、求められる自分になることしかできないのは、とても苦しいことだと思います。それぞれの場所で期待される役割のなかには、男らしさ・女らしさというものもあります。
家にいるからリラックスして自分らしくいられるかというと、必ずしもそうではありません。家では家でだれかの子どもであり、だれかの兄であり妹であり弟であり姉であり、という役割があります。学校では生徒であり、部活の部長だったり先輩であり後輩である。家に帰るとお兄ちゃんであり息子だったりする。
でも、こども食堂に来たら、よく知らないまわりの子から「お兄ちゃん」と呼ばれる。そこではそのお兄ちゃんが役割かもしれないけど、その場でのお兄ちゃんと家でのお兄ちゃんはちがう。学校での先輩後輩ともちがう。学校や家のように役割がはっきりしていて、しかもそこからは逃《のが》れにくい場所ではない場にいることで、けっしてどこかに正解があるわけではない、「何者でもない自分」という存在があるかもしれないな、ということに気づけるかもしれません。

――「何者でもない自分」か……。

そういう自分でいられる時間があることは大切だと思います。

また、忙しすぎることも子どもたちを苦しめる一因になっています。授業が終わると、部活動をして、終わったら日がくれて家に帰る時間。そこからまた塾《じゅく》に行く子もいるという生活で、子どもたちは「すき間」の時間すら奪われています。そういう環境《かんきょう》が当たり前になっています。当然必要な、休息という時間がないがしろにされています。塾も習い事も部活も「将来のために」と言われますが、まだここにない将来のために、今ここにある健康や楽しみを犠牲《ぎせい》にしなければならないのは、本末転倒《ほんまつてんとう》ですよね。なにもしない時間が持てるようになればいいと思っています。

ところで、たくさんの人と仲よくして、たくさんの人とつきあうということはいいことだと思っていませんか？　でもそれは、とても疲れることです。ソーシャルワーカーという仕事がら、私は毎日いろんな人の相談を受けて、いろんな人と会います。いろんな人の話をききつづけていると、じつはすごく疲れます。

人づきあいは疲れるのです。なぜそんなに疲れることがよしとされるのでしょう。人づきあいがサバイバルスキルになっている、というのがその理由だと私は考えています。人づきあいを上手にできる、いろんな人と話ができるということが、生き延びるために必須《ひっす》のスキルになっているのです。

福祉《ふくし》を例にあげると、日本の制度では困ったときに自動的にだれかが助けてくれるわけではありません。役所などの公的機関や民間の支援機関（社会福祉法人やＮＰＯ団体など）、あるいは弁護士や病院など、いろんなところへ自分から出かけて行って、「こういう理由で困っているので助けてください」と説明し、支援《しえん》を申しこんで、はじめて助けてもらえます。これを「申請《しんせい》主義」といいます。

いろんな人と上手に話ができることが、困ったときに助けてもらえるために必要なスキルとなっています。しかもたんに「助けてください」ではなくて、「私はこういう理由で困っています。こういう原因があるんです。だから助けてほしいんです」と、自分を上手に説明できて、相手ははじめて「わかった。助けてあげましょう」言ってくれます。

――マジか。

はい。助けを求める力があることを、困っている人に課しているのです。これは日本の福祉の大きな欠点、脆弱《ぜいじゃく》な点だと思っています。それは福祉だけでなく、いろいろなところに共通しています。

先生とも仲よくしておいたほうが、困ったときに「先生、助けて」と言いやすいし、先生も助けてくれる。先生はすごく忙《いそが》しいので、子どもから「先生、助けて」と言わないと、先生のほうから気づいてくれることはなかなかありません。親だってそうです。子どもの小さな変化を察知して、親の側から「どうしたの？　なにか困っていることある？」ときけないときもあります。気づかなかったり、気になっても言えない、というときもあるでしょう。家のなかになにか「困り事」が持ちこまれることにたいして、強い不安を抱《いだ》いて「見て見ぬふり」してしまう場合もあります。

だから、自分が困ったときにまわりの人に助けてもらうためには、いろいろな人と上手に話ができる力、つまり「コミュ力」が必要だと気づきはじめると、人づきあいは苦手だけれどちょっと無理をしてでもそういう力を蓄《たくわ》えておこう、自分が生きていくために努力しよう、というがんばりがはじまるのだと思います。

ところが、学校や家庭で大人はしばしば「自分のことは自分でなんとかしろ」「弱音を吐《は》かずにがまんしろ」とも教えます。そう教えられて弱音を吐かずにがまんしてしまい、その結果だれも助けてくれなくて、やがて耐《た》えきれなくなって「助けてください」と言うと、「なんで言ってくれなかったの」「どうして今までだれにも相談しなかったの」と怒《おこ》られてしまうなんてこともあります。

——矛盾してるよね。

「自分でなんとかする」も「困ったときは相談する」もどちらも大事

そうですね。「自分でなんとかしなさい」とも、「困ったときは相談してね」とも言われたら混乱しますよね。ですが「自分の力でなんとかしてみる」のも「助けを求める」のも、たしかにどちらも必要です。これは「どちらか」ではなく「どちらも」大切なのです。できることは自分でやりながら、だれかに相談することもできます。だれかの力を借りながら、自分で対処していくこともできます。言《い》い換《かえ》えれば、SOSを出してだれかを頼ることも、自分の力で困難に対処するスキルのひとつなのです。

だから学校では「だれかを頼る」も「自分でなんとかする」の1つだと教えてほしいです。そしてだれかに頼るという「コミュ力」を育てるのは、上手に話す練習やみんなと仲よくするトレーニング、人間関係を円滑《えんかつ》にするノウハウではなく、子どものまわりに相談できる大人がいることだと、わかってほしいです。話す・相談する力を子どもたちに求める前に、子どもの話をきく力を大人の側が身につけなければいけないということです。だから、相談できない、上手に話せない、頼れない……という悩みも、あなたのせいではありません。

②「すべき」より「したい」を大事にして

だれかの力を借りるか、それとも自分で対処してみるか。なにか行動するときに大切にしてほしいのが、「〇〇すべき」ではなくて「〇〇したい」という気持ちです。「いまは自分の力だけでがんばってみたいな」とか「苦しいからだれか助けてほしいな」とか、あるいは「みんなといっしょにやりたいな」「1人がいいな」とか、自分がどうしたいのかという自然な気持ちを大事にしてほしいのです。「〇〇すべき」というものが出てきたら、それを心の外に追いやって、「したいことはなに？」と探してみる。それがだいたい正解、つまり自分にとっての最善だったりします。

「したい」は自分の欲求で、その欲求に沿った行動は自分のなかに軸《じく》がある、主体的なものです。一方「すべき」は自分以外のだれかやなにかが決めたことに沿うものです。「すべき」ばかりを選んでいると、そのうち身体が悲鳴を上げてきます。身体が「あなたは今、心の声を無視しているよ」と言ってきます。身体が重くなったり、疲れやすくなったり、頭が痛くなったり、身体のあちこちが痛くなったり、苦しくなったりしてしまうのです。結果的にいつもできることができなくなって、気持ちが落ちこんだりしてしまいます。

――でも、学校に行きたくないと思っても、勉強が遅《おく》れるのもイヤだし、がんばらなきゃって思うかも。

もし朝起きて、学校に行ったなら、そこで「学校に行く」という1つのタスクを達成しています。学校に行かなくて家にいたとしても、朝起きて、ごはんを食べたとしたら、「朝起きる」というタスクを1つ達成しています。家の人のだれかに「おはよう」と言ったら、「家族のあいだで挨拶《あいさつ》する」というタスク、つまり「すべき」をちゃんと達成しています。

私たちはふつうに生きていても、「すべき」というタスクを、無意識のうちにたくさん達成しているのです。だから、自分がなにをしたいのか、どうありたいのか、目の前の課題にどんなふうに対処していきたいのかというときは、「今は〇〇するのが自分にとってよさそうだ」「こうしたいな」という心の声を大事にしてほしいと思います。

将来のために準備することは、けっして悪いことではありません。将来こうなりたいとか、こんなふうに生きたいという願いがあって、そのために、「いまこれをがんばっておこうかな」と自分で選び取って取り組むのはとても大切です。ただ、それによって今の自分をないがしろにすると、苦しくなってしまうと思います。

世の中には、今ここにいる自分じゃなくて、つねにまだいない自分のほうを大事にしてしまうようなメッセージや圧力にあふれています。つねに将来、将来なんです。私は「不安商法」だと思っています。「こんなふうになりたいよね。そうなりたいんだったら、いまこんなことをやってみようよ」ではなくて、「いまこれをやっておかないと将来大変だぞ」と、希望よりも不安をあおります。勉強もそうです。ほんらい知識と知恵を増やして日々を豊かにするものであるはずの勉強が不安商法になったら、とても苦しいはずです。

――だとしても、不安は不安だよ。

そんなふうに不安をあおってくる大人たちを見てください。先生たちも親も、だいたいみんなものすごく立派なわけでもないし、絶望するほど困ったことにもなっていません。だから不安をあおってくるけれど、じっさいはそんなに大変なことにはならないはずです。

不安をあおってくる人の言い方は、「こうしなければならない。さもないとこうなるよ」

「不安商法」は一種の取り引きで、子どもを従わせようとしている

あるいは「こうなりたくなければ、これをしなさい」です。それは一種の取り引きで、子どもを従わせようとするものです。そういう言い方をしてきたら、不安をあおることであなたをコントロールしようとしているサインだと思ってください。あなたのワクワクや願いではなく、焦《あせ》りや恐《おそ》れを刺激《しげき》するような言い方を大人がしてきたら、「あ、不安商法がはじまったな」と思って警戒《けいかい》しましょう。そして「自分はどうしたいんだろう？」と軸を自分に戻《もど》してください。

でも、矛盾するようにきこえるかもしれませんが、なりたいものとか、やりたいことはそんな簡単に見つかるものではないのです。私は今ソーシャルワーカーという仕事をしていますが、中学、高校のときには、この仕事に就《つ》くなんて、まったく想像していませんでした。存在すら知らなかったのです。人生、どう転ぶかわかりません。つまりなにを選んだっていいんです。もしかしたらあとでちがうものに出会うかもしれないので、とりあえず「今これをやってみたい」「これ興味ある」でかまわないのです。

――「したい」を大事にして、と言われるのもプレッシャーかも。

そういう気持ちもわかります。ソーシャルワーカーとして面談しているときに、相談者

に「どうすべきだと思う?」ときくと答えが出てくるのに、「で、あなたはどうしたいの?」ときくと答えが出てこない人はいっぱいいます。大人もそうで、「あなたは母親としてどうすべきだと思いますか?」「父親としてどうすべきでしょうか?」「会社員としてどうすべきでしょうか?」ときくと「こうすべきです」と答えるのに、「あなた自身はどうしたいのですか?」ときくと「わかりません」となってしまう。きっと子どものころから、「したい」という気持ちを「すべき」がいっぱい食べてきちゃったんでしょうね。

――自分がどうしたいかってよくわからない。というか、それでいいのか不安になる。

「すべき」を選んでおけば安心なんです。他の人も納得するから。でも、「すべき」は、「こうあるべき」という型のようなものが世の中にあり、それに沿っているだけで、自分に軸がありません。もしだれかが「すべき」を使って話していたら「あ、この人はいま自分の軸でしゃべってないな」と思ってください。「べき」という言葉は圧力を感じさせますが、じつはだれのなかにも軸がない無責任な言葉です。

「○○すべき」のとおりにやってもしうまくいかなかったら、「だって○○すべきって

「すべき」より「したい」のほうがずっと重くてむずかしく価値がある

いう型が世の中にあって、自分はそれに沿って行動しただけだから」と言いわけできます。つまり、自分の責任になりません。そのかわり、たとえうまくいっても、だれかが決めた型に沿っただけなので、自分の力で達成したという実感が得にくくなります。

でもたとえ「○○すべき」で動いたとしても、その「すべき」を選んだのは自分です。「すべき」という言葉で、本当は自分で選んでいるはずなのに、「私が選んだわけじゃない。○○すべきという前例《ぜんれい》がいっぱいあるから、そのとおりにやっただけだ」と、自分に逃《に》げ道《みち》を与《あた》えられる。だから無責任な言葉なのです。

一方「○○したい」から出発すると、「私がこうしたいと思ったから、そうすると決めて、そのとおりに行動した」になります。自分で決めたのでうまくいったら自分のおかげです。逆にうまくいかなかったらその結果を引き受けるのも自分だけです。「したい」はわがままでもなんでもなくて、こちらのほうが責任が重いのです。もしうまくいかなかったとしても、「自分の心に沿って、自分の責任で決めて動いた」という経験は、自分を支える資源となって心のなかに残ります。「○○したい」というほうがずっと重くてむずかしくて、そして価値のあることなのです。

大人が子どもにたいして、「○○すべきだ」と言うときも、たいていの場合、大人が自分で考えたのではなく、すでに存在する「○○すべき」の型をあなたに要求しているだけだったりします。子どもをコントロールしたい、でも自分の考えや言葉が見つからない、だから「すべき」を持ち出します。「すべき」は自分にたいしても無責任ですし、「すべき」をだれかに使ったときは、その相手にたいしても無責任です。

――でも、いじめとか人によくないことをしたときは、謝《あやま》るべきだよね？

「謝罪すべき」というのも、突《つ》き詰《つ》めるとちがうかなと思うんです。たとえば「だれかにイヤなことをしたら、謝らなければならない」となると、「謝らなければならないから謝る」となって、そこで思考が停止してしまいます。

私たちはだれかにひどいことをしたら、だれかを傷つけてしまったら、謝らなければならないと教わります。ですが大人の社会では、謝罪になっていない謝罪がはびこっています。よくあるのが「不快な思いをさせてしまったのなら、申しわけありませんでした」というものですが、これは謝る理由を、不快だと思った相手のせいにしています。自分がしたことが問題なのではなく、相手が不快に思うことを問題にしているのです。相手が文句を言ってきたからとりあえず謝るけれど、本心ではどうして謝罪をするのかを理解していません。あるいは、認めようとしていません。だから、相手に責任を押しつけるような言い方になっています。

もちろん謝罪は大切です。でも「謝るべきだから謝る」では「なぜ、だれのために謝るのか」という思考を止めてしまいます。それではつぐないとしての謝罪という目的は達成できません。そして謝罪は一度ですむことはほとんどありません。言葉での謝罪だけでなく、その後の行動を変えられるかどうかも謝罪のプロセスです。そして謝罪は、被害《ひがい》を受けた側の傷が癒《い》えるまでつづきます。けっして「謝ったからそれで終わり」ではないのです。

私がソーシャルワーカーとして接している、いわゆる「生きづらさ」を抱《かか》えている人たちは、「いまの自分はダメなんだ」「こうあらねばならないんだ」「もっとがんばらなければならない」というとても強い不安を抱えています。

たとえばお金がないこと、仕事がないことが不安で、不安を打ち消すためにむちゃくちゃ勉強や仕事をがんばって、とにかく自分を追いこむけれど、それでも不安が抜《ぬ》けなくて苦しくなってしまったり。逆に、どうしても消えない不安を打ち消すために、お酒をたくさん飲んだりいっぱいお金を使ってしまったり、ギャンブルにハマってしまったり。不安からくる苦しさを自分より弱い人たちに暴力や虐待《ぎゃくたい》として向けてしまうこともあります。そういう人とたくさん会ってきました。

それらの不安には、「こうあらなければいけない」「こうあるべき」という「べき」がセットされていることが多いのです。そこにたどり着けない自分がいて、自分を否定して、「このままだと本当に大変なことになるんじゃないか」と自分を追いこんでしまう。そしてその「べき」は自分のなかだけで生まれたものではなく、まわりから受け取ってきたさまざまな声やまなざしに影響されています。

――「すべき」だけじゃなくて「べき」というのもあるんだね。

はい。「すべき」でも「べき」でも、異論を許さないという圧力をかけてくる言い方です。きくと脅《おど》されているように感じることがあります。くり返しますが、自分のことを不安にさせる、脅してくるメッセージは、いかに正しくきこえたとしても、なにひとつ有益なことはありません。不安をあおって脅してくる人の言うことは、「不安商法」だと思って、きかなくてかまいません。希望を刺激してくれる人の言うことになら、耳を傾ける価値があるかもしれません。「楽しそうだな」「やってみたいな」という気持ちにさせてくれる人の言うことは受け取ってみましょう。

私たちは自分で自分の姿を見ることはできません。鏡に映《うつ》ったり、写真に撮《と》ったり、な

**脅してくるメッセージは
なにひとつ有益なことはない**

にかを介《かい》してでしか見られません。でも、鏡に映っているのは鏡に映った自分であって、私自身ではありません。本当に私の姿かたちを正しく映しているという証明はできないのです。写真もそうです。

性格という鏡に映らないものの場合、鏡や写真の役割を果たすのが、まわりの人たちです。行動から「あなたはこうね」という言葉をかけられたり、「こうあってほしい」という期待をかけられたり。そのうち「私はこうでなきゃいけないのかな」「こうあると大人は喜んでくれるな」と思うようになります。ですがこの他者という鏡も、あなた自身を正確に映しているわけではありません。

なので「そう見られているようだけど、ちょっとちがうな」という気持ちがわいてくるのは当然のことです。それでも鏡の力が強いと、つまり他者の影響力が強いと、思われているとおりの人にならなければと焦《あせ》ったり、高すぎる期待をかけられて苦しくなったり、あるいはひどいことを言われると「私はダメな人間なんだ」と思ってしまいます。

他者からのまなざしを介さずに、自分が自分のことを好きになったり、嫌いになったりするということは、もしかしたらできないのかもしれません。だとしたら、自分のことを嫌いにさせてくる人よりも、好きにさせてくれる人とつきあったほうがせったいにいい。高い期待をしてきたり、一部分だけ見て決めつけてきたり、否定してくる人より、ふだんの何気ないことを「いいね」と言ってくれたり、「そのままでいいよ」と言ってくれたり、自分のなかのいろんな自分、陰キャな自分も陽キャな自分も、どっちもいいよと言ってくれる人。そういう人を大事にしていけると、だんだん自分で自分のことを好きになっていけるのかもしれません。

もし今、仲のいい友だちがいたら、あなたは友だちの鏡になっています。せっかくなので、よい鏡であろうとしてみてください。友だちのいろいろな部分を「どれもいいね」と言葉で伝えてあげる。特別ながんばりや成果ではなく、あたりまえにしていることのなかで「いいな」と思うことを教えてあげる。いっしょにいることが心地よいならそう伝える。

いくら友だちでも、あなたを傷つけたりイヤな気持ちにさせることを言ったりしたりすることがあるかもしれません。そのときは「そうされるとイヤだ」「そう言われると苦しい」というように、行動にたいしてNOを伝えてあげてください。するとあなたからの「イヤだ」を受け取って、相手もあなたにとって素敵な鏡になってくれるかもしれません。

環境が私たちに大きな影響を与え、しんどさの原因になりうることは、すでにたくさんお話ししてきました。私たちのまわりにいるだれかは私たちにとっての「環境」です。そして私たち1人ひとりが、だれかにとっての「環境」でもあるのです。環境は変えられるし、そして変われるはずです。

私はだれかにとっての「環境」
だから環境は変えられるし、変われるはず

おわりに

もしかしたら今、あなたは何らかの「しんどさ」を感じているかもしれません。この本では、子どもたちをとりまくさまざまなしんどさの要因は環境（世の中）の側にあるのでは？　と問いつづけてきました。しんどさの原因を世の中の側に求める。その先はどうすればいいのか。もしあなたが学生なら、できることが限られています。この本ではたびたび「相談すること」をすすめてきました。だれかに相談し、その問題に対処する方法を教わり、困難から守ってもらう。ですが、たくさんすすめておきながら申しわけないのですが、相談した結果必ずしも問題が解決するとは限りません。相談先はたくさんあっても、具体的な問題解決まで直接動いてくれるところがじつは少ないという問題があるからです。

この本にも、困ったときに相談できる窓口のいくつかを紹介しています。相談窓口はたくさんあり、支援者やNPO団体も増えています。こども食堂などの居場所も増えていきます。ですが子どもの貧困率はなかなか改善せず、自死（自殺）や虐待や不登校の件数はむしろ増加傾向です。相談を受ける大人や場所は増えているのに状況が改善されない理由の

1つは、相談のその先、具体的に問題を解決する仕組みの整備が追いついていないからだと言えます。

たとえばいじめられているときに相談しても、学校に直接働きかけてくれるとは限らない。家がつらくて離れたくても安全な住まいを紹介してくれるわけじゃない。児童相談所も守ってくれるとは限らない。お金や食べるものがなくても、お金や食べるものをくれるわけじゃない。たいていの相談先は話をきいてくれるだけだったり、他の相談先を紹介してくれるにとどまっているのが現状です。私たちKAKECOMIでもシェルター（避難先）の運営や食料品や日用品の支援を行っていますが、必要とする人の数にたいしてまったく足りません。

この本のなかでも「申請主義」について説明しましたが、日本では、困っている人が自分から助けを求めて動かないと支援にたどりつくことができません。他者から傷つけられた人が「だれかに相談しよう」と心に決めて行動に移すことは、簡単ではありません。勇気を出して連絡しても、さらに傷ついてしまうこともあります。「担当ではない」などと言われて相手にされないかもしれません。子どもを支援する専門家のなかにも、残念ながら子どもの話をちゃんときけず叱《しか》ったり決めつける人がいます。それでも私は「相談してください」とお願いします。もし今があなたにとって最悪なら、変化が起きる可能性のある方向へ進んでほしいのです。相談した結果、たとえ状況が変わらなくても、自分を守るために行動できたという経験値が残ります。それは自分で自分を大切にできた、自分にはその力があるという「強み」として残りつづけるはずです。

ですが、たとえ相談できなくても、それはあなたが無力だからではありません。問題は困っている人に「相談する力」を要求しながら、じっさいに助ける手立てがあまりにも少ない仕組みの側にあります。なので、相談できなかったとしても自分を責めず、ただ、「つらいのは私のせいじゃない」「相談できないのは自分が無力だからではない」と自分に伝えてあげてください。相談という行動をむずかしくしているのは世の中の側の責任です。

この本をつくるまで、私はたくさんの人に支えられて生きてきました。この本で私は自分の生い立ちについて少しだけ触れましたが、私の両親はけっして「ひどい親」ではなく、家は「ふつう」でした。それでも「逆境」という言葉を使ったのは、ふつうの生活のなかに子どもにとって逆境となりうるさまざまな要因（大人の言葉や態度）があるからです。ありふれているからといって「逆境ではない」とは言えません。ありふれていることが問題なのです。

私の両親は、私によいこともたくさんしてくれました。それがまた苦しくもありました。たくさん助けてくれたのに子ども時代を逆境だと言ってしまう私はなんて悪い子なのだろう、と自分を責めつづけてきました。

自分を責めてしまうことがやめられたのは、親が私にたいしてとった行動の1つひとつをバラバラにして、それぞれにたいして感じた自分の気持ちすべてにOKを出すようにしてみたからです。されてよかったことには感謝と敬意を、イヤだったことにはイヤだという気持ちを大切に。そうするうちに、自分を責める気持ちが薄れていきました。

親だけでなく、「よいこと」をしてくれるのに、同時にひどいことをしてくる大人は少なくありません。大人より弱い立場に置かれた子どもは「よいことをしてくれる人にたいして、ひどいなんて思ってはいけない」と自分を責めてしまいがちです。もしそんなふうに苦しくなったら、その大人があなたにとった行動の1つひとつにたいしてあなたが感じることを、それぞれ別々に大切にしてください。その人をまるっとすべて好きになろうとする必要はありません。


もしかしたら「子どもによいことをしたい」と願う大人のみなさんもこの本を読んでくださっているかもしれません。そう願うのは素晴らしいことですが、いくらよいことをたくさんしても、その分害のあることをしてしまうと意味がありません。さまざまな抑圧や理不尽を受けて育ち、自分をちゃんと休ませたりまわりから大切にされるという経験が乏しい私たち大人は、子どもを傷つける地雷を簡単に踏んでしまいます。

よいことをするのではなく、害になることをしない。この「しない」が、まずは必要です。たとえば容姿や体型についてコメントしない、女の子だから・男の子だからと性差で役割を決めつけない、不必要に無断で身体にふれない、趣味や予定を押し付けない、秘密を持つことを禁じない、苦労話やがまん話をしない、取り引きしない（○○したいなら△△しなさい、など）、約束を破らない、イライラを態度に出さない、話をきく前に決めつけて叱らない。でないと、子どもたちにとって「敵ではない大人」にはなれませんし、そのプロセスをすっ飛ばして子どもの味方や理解者になれるはずはありません。と、かくいう私もまだまだ地雷をたくさん踏んでしまっています。この本を手に取ってくださった大人のみなさんと「変わりたい」という思いを共有する同志になりたい、そう願っています。

子どもの自死が深刻です。２０２２年の子どもの自死件数は過去最高を記録しました。少子化が進むなか、この伸びは異常事態であり非常事態です。自死がこれだけ増えた原因を「コロナ禍のせい」と分析する人たちがいますが、はたしてそうでしょうか。

たしかに、コロナ禍という社会的危機は子どもたちに大きな影響を与えました。しかしながらむしろ、世の中の仕組みの脆弱性《ぜいじゃくせい》（もろさ）に原因があるのではないでしょうか。

困っているときに自分から助けを求めないと支援を受けられず、さまざまな困難が自己責任にされ、暴力から逃げられる場所が少ない。そして子どもたちの声をきかない。そんな世の中では、感染症であれ災害であれ危機に耐えられるはずがなく、子どもたちを守ることはできないと思います。

「コロナのせい」と「思春期のせい」は似ていると感じます。どちらも世の中の仕組み（環境や構造）にしんどさの原因の多くがあるのに、わかりやすい理由を持ち出すことで仕組みの側にある問題がみえづらくなってしまいます。世の中の仕組みは、人の手によってしか変えることができません。コロナ禍のせい、思春期のせい、そのように特定の事象や期間に原因を求めてしまうと、私たちが仕組みを変える機会を逃してしまいます。

きちんと世の中のせいにしましょう。

この本は、私が出会ったすべての子どもたちの声によってかたちづくられました。声を届けてくれた子どもたちに心から感謝します。また、多くの助言をくださった井上祐紀医師、そしてKAKECOMIの仲間たちに感謝します。そして私を「自分を大切にする」ことにつなぎとめてくれる碇《いかり》である娘・桜子に、真心をこめてありがとう。この場を借りて支えてくださったみなさまに感謝をお伝えいたします。

デートDV110番（認定NPO法人エンパワメントかながわ）

電話の窓口は050-3204-0404（年末年始をのぞく月曜～土曜の19時～21時）。全国どの都道府県からでも相談できます。交際相手からの暴力や性暴力にかんして、専門の研修を受けた相談員が対応します。匿名での相談、もしくは当事者（本人）以外からの相談も可能です。

- https://ddv110.org

性犯罪・性暴力被害者のためのワンストップ支援センター（内閣府）

性犯罪・性暴力にあったときに支援が受けられる最寄りのワンストップ支援センターにつながります。

- https://www.gender.go.jp/policy/no_violence/seibouryoku/consult.html

Cure time（内閣府）

性暴力の被害についてだけでなく、性行為にまつわるモヤモヤや「これって普通なの?」という疑問についてチャットで相談できます。相談時間は17時～21時。性別を問わず、名前を言わなくても相談が可能で、10の外国語に対応しています。

- https://curetime.jp/

にんしんSOS

一般社団法人全国妊娠SOSネットワークの相談窓口です。予期しない妊娠、望まない妊娠の悩みをきき、支援してくれます。各都道府県の妊娠SOS相談窓口が対応しますが、設置されていない府県もあります。その場合はお住まいの自治体（市区町村）の保健センターに相談すると保健師さんが力になってくれます。「○○市区町村保健センター」で検索できます。

- https://zenninnet-sos.org

ユキサキチャット（認定NPO法人D &P）

悩み相談だけでなく、10代の人にたいして食べ物や日用品、現金の給付支援を行っている団体です。LINEで相談できます。一時的な支援だけでなく、将来の見通しを立てるための伴走支援も行っています。

- https://www.dreampossibility.com/yukisakichat/

あなたはひとりじゃない（内閣官房　孤独・孤立対策担当室）

この本でも紹介している窓口を含め、約 150 の相談窓口や支援制度を紹介しています。質問に答えることでそれぞれの悩みにあった相談先を教えてくれます。相談先に迷ったらまず利用してみてください。

- https://www.notalone-cas.go.jp

まもろうよ こころ（厚生労働省）

悩みや不安、死にたい気持ちやつらさをきいてくれる窓口が探せます。電話とSNS、それぞれの方法で相談できる窓口が案内されています。

- https://www.mhlw.go.jp/mamorouyokokoro/

Mex《ミークス》　10代のための相談窓口まとめサイト（認定NPO法人3keys《スリーキーズ》）

10 代のさまざまな相談に応じる相談先や居場所の情報がまとめられています。悩みの内容や住所から検索できます。内閣官房の「あなたはひとりじゃない」と同じ使い方ができますが、掲載されている情報が少しちがっているためどちらも利用してみてください。

- https://me-x.jp/

こどもの人権110番（法務省）

電話（0120-007-110）またはサイトからメールでの相談ができます。いじめや体罰、虐待など人権問題をあつかう相談窓口です。法務局、地方法務局、人権擁護《ようご》委員が対応します。いじめや体罰《たいばつ》など学校での人権侵害や家庭内の虐待や暴力について調査、救済を行う人権救済制度もあります。

- https://www.moj.go.jp/JINKEN/jinken112.html（子どもの人権 110 番）
- https://www.moj.go.jp/JINKEN/index_chousa.html（人権救済制度）

都道府県弁護士会

「子どもの手続き代理人」という制度があります。両親が離婚するとき、あるいは離婚したあとで、だれが親権者になるのかなどについて、子ども自身の意見を表明できる制度です。

また、たとえば病院に行きたいのに親が連れていってくれないなど親が親権者として適切な役割を果たしてくれないとき、虐待を受けているけれど助けてもらえないときや、いじめなどの人権侵害についても弁護士が力になってくれます。

- https://www.nichibenren.or.jp/legal_advice/search/other/child.html

相談先

困ったときにどこに相談したらいい?

そう思っている人もいるでしょう。相談先を探すのは、なかなかむずかしい作業です。困りごとがあると、その困りごとの上に「どこに相談したらよいかわからない」という困りごとが雪だるまのように増えてしまいます。相談先を探すとき、インターネットを使う人が多いかと思います。インターネットで相談先を探すためには、適切な検索ワードを入力する必要がありますが、その検索ワードを選ぶことも簡単ではありません。たとえばお金がないときに「お金がない」と入力すると消費者金融などの借金をすすめる広告がヒットしてしまいます。「生活困窮　相談　〇〇市」などと入力してようやく相談できる窓口が探せます。相談先を探す途中で疲れてしまったり、借金や家出、危険なアルバイトをすすめるような、あなたをさらに傷つける情報に出会ってしまうこともあります。

ここでは、相談先を探す途中で道に迷ってしまわないよう、安心して使える相談窓口をいくつか紹介します。ここで紹介している相談先は、おおきく分けて2種類あります。まず、暴力や性暴力、虐待《ぎゃくたい》、人権侵害、妊娠《にんしん》、生活困窮《こんきゅう》(お金がない・食べるものがない)などについて、住んでいる地域を問わずに利用できる相談先です。

もうひとつは、相談先を探すためのサイトです。内閣府の「あなたはひとりじゃない」と厚生労働省の「まもろうよ　こころ」そして「Mex(ミークス)」です。それぞれ自分で検索ワードを探せないときでも、質問に答えたり相談方法を選んだりすることで利用できる相談先がヒットするので、相談先を探すためのエネルギー消費をセーブすることができます。

相談先が見つかったからといって、相談するという行動に移せるとは限らないと思います。だれかから傷つけられた経験によって、だれかに相談することが怖くなる場合があるからです。それでも相談先の情報を知っておくことで「どこに相談したらいいかわからない」という悩みが積み重なることを防げますし、「いつか」のためのお守りにもなります。そのように使ってみてください。

児童相談所虐待対応ダイヤル189《いちはやく》

地域の児童相談所につながります(夜間や休日は警察署につながることもあります)。虐待にかんする通報や相談をすることができます。匿名での相談も可能です。つながるまでに少し時間がかかるので、緊急のときは110番で警察に連絡する方がよい場合もあります。各市町村区の警察署の生活安全課も相談、通報の窓口になってくれます。

鴻巣麻里香《こうのすまりか》
KAKECOMI代表。精神保健福祉士、スクールソーシャルワーカー。

1979年生まれ。

外国にルーツがあることを理由に差別やいじめを経験する。

ソーシャルワーカーとして精神科医療機関勤務、東日本大震災の被災者・避難者支援を経て、2015年非営利団体KAKECOMIを立ち上げ、こども食堂とシェアハウスを運営している。

著書に『わたしはわたし。あなたじゃない。』(リトルモア)、『知っておきたい 子どもの権利』(平凡社)、共編著に『ソーシャルアクション! あなたが社会を変えよう!』(ミネルヴァ書房)がある。

中学生の質問箱
思春期のしんどさってなんだろう?
あなたと考えたいあなたを苦しめる社会の問題

発行日 2023年6月21日 初版第1刷
2024年11月14日 初版第2刷

著　者　鴻巣麻里香
編　集　吉田真美(平凡社)
構成・編集　市川はるみ
発行者　下中順平
発行所　株式会社 平凡社
〒101-0051 東京都千代田区神田神保町3-29
電話 03-3230-6593(編集)
03-3230-6573(営業)
平凡社ホームページ https://www.heibonsha.co.jp/

装幀+本文デザイン　坂川事務所
イラスト・DTP　柳裕子

印刷・製本　中央精版印刷株式会社

ISBN978-4-582-83928-9
乱丁・落丁本のお取替えは直接小社読者サービス係までお送りください(送料は小社で負担します)。